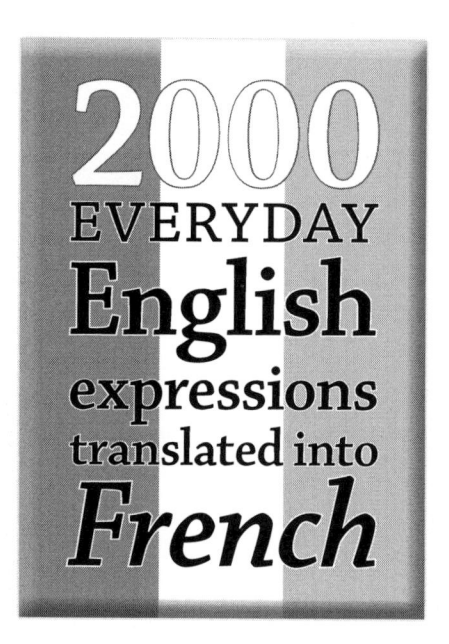

2000 EVERYDAY English expressions translated into *French*

Kit Bett

BloodSwEaTandTears

Acknowledgements

I would like to thank **Caroline Lecointe** (formerly of the Alliance Française, Oxford) and **Véronique Davis** (Tutor in French at Oxford University) for their help with the translation.

I would also like to thank **John Dickinson** for his help with setting up the website and with the publication of this book.

© Kit Bett 2012

The moral rights of the author have been asserted

All rights reserved.

No part of this publication may be reproduced, stored in a retrieval system, or transmitted, in any form or by any means, without the prior permission in writing of the publisher, or as expressly permitted by law, or under terms agreed with the appropriate reprographics rights organization.

ISBN 978-1-4716-1502-3

Designed and typeset by John Dickinson www.johnddesign.co.uk

Modules 1 – 3

Module 1

I was a bit taken aback	*J'en suis resté interdit*
And about time too	*Ce n'est pas trop tôt*
It was all above board	*C'était tout à fait dans les règles*
She was getting above herself	*Elle avait des idées de grandeur*
He's accident-prone	*Il est prédisposé aux accidents*
By all accounts he is fit and well	*Apparemment, il est en pleine forme*
He was within an ace of falling over	*Il était à deux doigts de tomber*
That's the acid test	*C'est l'épreuve décisive*
There was agreement across the board	*Tout le monde était d'accord*

Module 2

The dish-washer is acting up again	*Le lave-vaisselle nous joue encore des tours*
Time to take action	*Il est temps d'agir*
It just doesn't add up	*Il y a quelque chose qui cloche*
Any advance on fifty?	*50? Qui dit mieux?*
I'm afraid so	*J'en ai bien peur*
He's only a child, after all	*Ce n'est qu'un enfant, après tout*
He came back again and again	*Il est revenu plusieurs fois*

Module 3

You took an age getting here	*Tu as mis une éternité*
Ages and ages ago	*Il y a des lustres*
We don't want any aggro	*On ne veut pas de grabuge*

3

We're all agog	On est tous en émoi
I think he's piling on the agony	Je crois qu'il dramatise
What was that in aid of?	C'était en quel honneur?
Don't give yourself airs	Arrête de te donner des grands airs
He's an all-rounder	Il est bon en tout

Module 4

I don't think he's all there	Je ne crois pas qu'il ait toute sa tête
You must make allowances for his age	Vu son âge, montrez-vous indulgent
What it amounts to is this	Ça revient à….
Joking apart, what shall we do?	Plaisanterie à part, qu'est-ce qu'on va faire?
She was determined to keep up appearances	Elle était déterminée à sauver les apparences
Do you think he'll put in an appearance?	Tu crois qu'il fera acte de présence?
He was dead to all appearances	Selon toute apparence, il était mort
She was the apple of her mother's eye	Sa mère tenait à elle comme à la prunelle de ses yeux

Module 5

Don't upset the apple-cart	Ne chamboule pas tout
He's still tied to his mother's apron strings	Il est toujours pendu aux jupes de sa mère
I'm not going to argue the toss with you	Je ne vais pas discuter le coup avec toi
All right, if you twist my arm	Bon, si tu insistes

We should keep him at arm's length	On devrait le tenir à distance
You and whose army?	Toi et qui donc?
I like having him around	J'aime bien quand il est là

Module 6

She is rather arty-crafty	Elle est assez bohème
As for you, push off	Quant à toi, dégage!
As it is, we will have to start all over again	Vue la situation, il faudra tout recommencer
She is, as it were, isolated	Elle est, pour ainsi dire, isolée
As if it mattered	Comme si ça changeait quelque chose
How are you these days?	Comment vas-tu, ces temps-ci?
The man's a complete ass	C'est un véritable imbécile
He picked up a stick, and a long one at that	Il ramassait un bâton et un long, en plus

Module 7

I don't like his attitude	Je n'aime pas son attitude
It doesn't augur well	Ça ne laisse rien présager de bon
I've no axe to grind	Je ne prêche pas pour mon saint
I was left holding the baby	Ça m'est retombé dessus
They live in the back of beyond	Ils habitent dans un trou paumé
She's a back-seat driver	Elle est toujours à donner des conseils
You've got it on back to front	C'est à l'envers

Module 8

He really gets my back up	Il me braque vraiment
Our backs are up against the wall	On est au pied du mur
The plan backfired	Le plan s'est retourné contre lui
That was a rather back-handed compliment	C'était un compliment assez équivoque
I expect there'll be a backlash	J'imagine qu'il y aura des répercussions
They bent over backwards for him	Ils se sont coupés en quatre pour lui
She is in a bad way	Elle est dans un état lamentable
Bags I go first	J'y vais en premier

Module 9

I think it's in the bag	Je crois que l'affaire est dans le sac
On balance, I think we should go	L'un dans l'autre, je crois qu'on devrait y aller
It's important to strike a balance	C'est important de trouver un équilibre
He's as bald as a coot	Il n'a plus un cheveu sur le caillou
He's really on the ball	Il est à la hauteur
Somebody's got to start the ball rolling	Il faut faire démarrer les choses
We were having a ball	On s'amusait comme des fous
He went bananas	Il est devenu dingue

Module 10

I hope it goes with a bang	J'espère que ça sera du tonnerre
Don't bank on me	Ne compte pas sur moi

It's all over bar the shouting	*Le plus gros est fait*
She drives a hard bargain	*Elle est dure en affaire*
He's a bit of a barrack-room lawyer	*Il a avalé le code pénal*
He's a complete bastard	*C'est un vrai salop*
He did it off his own bat	*Il l'a fait de son propre chef*
I think she's got bats in the belfry	*Je crois qu'elle a une araignée au plafond*

Module 11

He ran off like a bat out of hell	*Il s'est enfui comme s'il avait le diable à ses trousses*
She didn't bat an eye-lid	*Elle n'a pas bronché*
She's a real old battle-axe	*C'est une vraie virago*
He was bawling his head off	*Il n'arrêtait pas de brailler*
Try to keep them at bay	*Essaie de les tenir à distance*
Who's been at my crisps?	*Qui a touché à mes chips?*
Be off with you!	*Fiche le camp!*
I'm afraid you're way off beam	*J'ai bien peur que tu ne dérailles*

Module 12

I haven't a bean	*Je n'ai pas un radis*
It was a real bean-feast	*C'était un bon gueuleton*
You need to bear in mind	*N'oublie pas que…*
I'm just a beast of burden	*Je ne suis qu'une bête de somme*
Don't beat about the bush	*Ne tourne pas autour du pot*
He was quite up-beat about it	*Il en était tout revigoré*

Our house is off the beaten track	*Notre maison est hors des sentiers battus*
I must get my beauty sleep	*J'ai besoin de sommeil réparateur*

Module 13

Don't be such an eager beaver	*Ne sois pas si bûcheur*
She's got a bee in her bonnet about it	*Elle n'en démordra pas*
He thinks he's the bee's knees	*Il se croit sorti de la cuisse de Jupiter*
You're going to have to beef up your speech	*Il va falloir que tu étoffes ton discours*
She made a bee-line for him	*Elle s'est ruée sur lui*
That rather begs the question	*Ça fait se demander*
He's a lucky beggar	*Il a un pot du diable*
I can't begin to describe it	*Je ne peux même pas le décrire*

Module 14

Please accept it on my behalf	*Accepte-le de ma part*
You're a bit behind the times	*Tu es en retard sur ton temps*
Let's make believe it never happened	*Faisons comme si ça n'était jamais arrivé*
Give me a bell some time	*Passe-moi un coup de fil un de ces jours*
That rings a bell	*Ça me dit quelque chose*
He just doesn't belong	*Il fait bande à part*
That remark was below the belt	*Cette remarque était un coup bas*
We're going to have to tighten our belts	*Il va falloir se serrer la ceinture*

8

Modules 13 – 17

Module 15

He's gone completely round the bend	Il est tombé sur la tête
I'll give him the benefit of the doubt	Je lui donne le bénéfice du doute
I think we should give it a wide berth	Je crois qu'on va se tenir à distance
We must make the best of it	Il faut faire avec
My bet is that she'll be late	Je te parie qu'elle sera en retard
I wouldn't bet on it	N'y compte pas trop
I must consult the better half	Je dois en parler à ma moitié
She got the better of him	Elle s'est fait entendre

Module 16

Between you and me	Entre nous
It's gone beyond a joke	Ce n'est plus drôle maintenant
It's beyond me	Ça me dépasse
He made a bid for freedom	Il a tenté de s'échapper
What am I bid?	Qui se lance ?
I think we should bide our time	Je crois qu'on doit attendre notre heure
He's big-headed	Il a la grosse tête
He's really hit the big time	Il a décroché le gros lot

Module 17

He lost his temper in a big way	Il a complètement perdu son sang froid
He's a local big-wig	C'est une huile dans le coin
They're out on a binge	Ils sont sortis faire la bringue

9

He had a bit on the side	Il avait une maîtresse
We've all got to do our bit	Chacun doit y mettre du sien
She went completely to bits	Elle a craqué
He decided to take the bit between his teeth	Il a décidé de prendre le mors aux dents
There's no point in bitching about it	Ça ne sert à rien de médire
We'll have to bite the bullet	Il va falloir serrer les dents

Module 18

She bit my head off	Elle m'a cloué le bec
I stayed to the bitter end	Je suis resté jusqu'au bout
He was black and blue all over	Il était couvert de bleus
I'm afraid I drew a blank	J'ai fait chou blanc
Don't be such a wet blanket	Ne sois pas si rabat-joie
My heart bleeds for you	Tu me fends le cœur
It's a blessing in disguise	A quelque chose malheur est bon
He took not a blind bit of notice	Il n'en avait rien à faire

Module 19

She turned a blind eye	Elle a fermé les yeux
My PC's on the blink	Mon ordi est détraqué
My head's on the block	J'ai la tête sur le billot
Farming's in his blood	Il a la ferme dans le sang
That makes my blood boil	Ça me fait bouillir
It made my blood run cold	Ça m'a glacé les sangs

Modules 18 – 21

We need fresh blood	On a besoin de sang neuf
Don't be so bloody-minded	Ne sois pas si buté

Module 20

I'm afraid I've blotted my copy-book	Ma réputation en a pris un coup
She blew me a kiss	Elle m'a envoyé un baiser
I think it will soon blow over	Je pense qu'on n'en parlera bientôt plus
He was inclined to blow his own trumpet	Il était du genre à se faire mousser
It's bound to come to blows	Ils vont en venir aux mains, c'est sûr
It happens once in a blue moon	Ça arrive tous les trente-six du mois
It came completely out of the blue	C'est tombé du ciel
He called my bluff	Il a vu clair dans mon jeu

Module 21

It's a difficult idea to take on board	C'est difficile de se faire à cette idée
We're all in the same boat	On est tous dans la même galère
They really pushed the boat out	Ils ont fêté ça en grandes pompes
It boils down to this	Ça revient à ça
It was like a bolt from the blue	C'était comme un coup de tonnerre dans un ciel bleu
He was sitting bolt upright	Il était assis droit comme un i
The idea went down like a lead balloon	L'idée est tombée à plat

11

Module 22

The act went down a bomb	Ça a eu un succès du tonnerre
My word is my bond	Parole d'honneur
I've got a bone to pick with you	J'ai un compte à régler avec toi
She worked her fingers to the bone	Elle s'est usée au travail
He won the booby prize	Il a gagné le prix de consolation
They constructed a booby-trap	Ils ont construit un objet piégé
He always goes by the book	Il suit toujours le règlement au pied de la lettre

Module 23

They really threw the book at him	Ils ne lui ont vraiment rien laissé passer
He was given the boot	Il s'est fait virer
He was a border-line case	Son cas était limite
He's on borrowed time	Il est en sursis
You can't have it both ways	Tu ne peux pas avoir le beurre et l'argent du beurre
I'm afraid he's hit the bottle	Je crois bien qu'il picole
What's the bottom line?	C'est quoi en substance ?

Module 24

I'm going to get to the bottom of this	Je vais en avoir le cœur net
I'm sure he'll bounce back	Je suis sûr qu'il va s'en remettre
That room is out of bounds	Cette pièce est hors-limites

Modules 22 – 26

You're bound to have problems at first	C'est sûr qu'on rencontrera des difficultés au début
She's in bed with a bout of flu	Elle est au lit avec la grippe
I'm going to have to bow out	Je vais devoir me retirer
I was bowled over by her	Elle m'a complètement époustouflé

Module 25

A night out with the boys	Une sortie entre gars
He went for bracing walk	Il est sorti prendre l'air
She's the brains in the family	C'est le cerveau de la famille
He's got that tune on the brain	Il n'a que cet air dans la tête
Let's get down to brass tacks	Venons-en aux choses sérieuses
She decided to brazen it out	Elle a crâné
We were virtually on the bread line	On était pratiquement sans le sou
His voice has just broken	Il vient de muer

Module 26

I think we've broken the back of it	Je crois que le plus dur est fait
I tried to break the ice	J'ai essayé de briser la glace
She's reached breaking-point	Elle est au point de rupture
She's had a break-down	Elle a fait une dépression nerveuse
Time to make a clean breast of it	C'est l'heure de dire ce qu'on a sur la conscience
How long can you hold your breath?	Combien de temps tu peux retenir ta respiration?
It took my breath away	Ça m'a coupé le souffle

Module 27

It's a question of breeding	C'est une question d'éducation
He brought the house down	Il a fait crouler la salle sous les applaudissements
Do you think he'll bring it off?	Tu crois qu'il réussira son coup?
Don't bring the subject up	N'aborde pas le sujet
He's on the brink of collapse	Il est à deux doigts de s'écrouler
He bristled when I mentioned it	Il s'est hérissé à ma suggestion
In broad daylight	En plein jour

Module 28

He's very broad-minded	Il a les idées larges
I'm stony broke	Je suis fauché comme les blés
I must brush up my Latin	Il faut que je rafraîchisse mon latin
He brushed the remark aside	Il a balayé la remarque d'un geste de la main
He's trying to pass the buck	Il essaie de refiler la responsabilité
It's bucketing down	Il pleut à seaux
He's kicked the bucket	Il a cassé sa pipe
Time he buckled down to it	Il est temps qu'il s'y mette

Module 29

He nipped that idea in the bud	Il a tué cette idée dans l'œuf
He won't be budged	On ne le fera pas changer d'avis
He's a nice old buffer	C'est un vieux fossile
It really bugs me	Ça m'agace vraiment

Modules 27 – 31

He gave me a good build-up	*Il m'a fait une bonne publicité*
You've hit the bull's- eye	*Tu as tiré dans le mille*
We must bite the bullet	*Il faut serrer les dents*

Module 30

I haven't read all the bumf yet	*Je n'ai pas encore lu toute la paperasse*
Fancy bumping into you!	*Tiens! Qu'est-ce que tu fais là?*
We've burnt our boats	*On a brûlé nos vaisseaux*
She's burning the candles at both ends	*Elle brûle la chandelle par les deux bouts*
No point in burning the midnight oil	*Pas la peine de passer la nuit là-dessus*
Time to bury the hatchet	*Il est temps d'enterrer la hâche de guerre*
Mind your own business	*Occupe-toi de tes oignons*
The firm went bust	*La boîte a coulé*

Module 31

She's a complete busybody	*Elle joue la mouche du coche*
Please don't keep butting in	*Arrête de mettre ton grain de sel*
Try buttering her up	*Essaie de lui passer de la pommade*
What a butter-fingers!	*Quel empoté!*
We need to buy time	*Il faut qu'on gagne du temps*
Oh, by the way	*Au fait…*
Time for bye-byes	*Allez, au dodo*
You can't have your cake and eat it	*On ne peut pas tout avoir*

Module 32

They're selling like hot cakes	Ils se vendent comme des petits pains
That was a piece of cake	C'était du gâteau
That was a close call	On l'a échappé de justesse
They were just cannon-fodder	Ils n'étaient que de la chair à canon
He came to me cap in hand	Il est venu me voir chapeau bas
I suppose it's on the cards	Je suppose que c'est fort possible
Time you put your cards on the table	Il est temps de jouer cartes sur table
I couldn't care less	Je n'en ai vraiment rien à faire

Module 33

Take care then	Bonne continuation
I could be dying for all you care	Je pourrais être à l'agonie que tu ne bougerais pas le petit doigt
He was carried away by the music	Il était transporté par la musique
Just in case	Au cas où
In that case, perhaps not	En l'occurrence, peut-être pas
I refuse to wear your cast-offs	Je refuse de porter tes vieilles guenilles
She let the cat out of the bag	Elle a vendu la mèche

Module 34

That's set the cat among the pigeons	Ça a été le pavé dans la mare
It's raining cats and dogs	Il pleut des hallebardes
Do you think it will catch on?	Tu crois que ça va prendre?
There's a catch	Il y anguille sous roche

Modules 32 – 36

Not by a long chalk	*Et de beaucoup*
They're as different as chalk and cheese	*Ces deux-là, c'est le jour et la nuit*
He was champing at the bit	*Il rongeait son frein*
Have you found it by any chance?	*Tu l'as trouvé, par hasard?*

Module 35

He doesn't stand a chance	*Il n'a aucune chance*
I think we'll take a chance on it	*Je crois qu'on va tenter le coup*
That'll make a change	*Pour changer*
She soon changed her tune	*Elle a vite changé de ton*
He's quite a character	*C'est un sacré personnage*
Who's in charge?	*C'est qui, le patron ici?*
He tried to chat her up	*Il a essayé de lui faire du plat*
That remark was cheap	*Cette remarque était mesquine*
I think he's cheating on her	*Je crois qu'il la trompe*

Module 36

I'm going for a check-up	*Je vais me faire faire un bilan de santé*
Of all the cheek!	*Quel culot!*
It's not easy to turn the other cheek	*Ce n'est pas facile de tendre l'autre joue*
Cheer up!	*Courage!*
Come on, get it off your chest	*Allez, sors ce que tu as sur le coeur*
He plays his cards very close to his chest	*Il ne laisse rien paraître*
We were just chewing the fat	*On taillait une bavette*

17

Module 37

Don't count your chickens...	*Il ne faut pas vendre la peau de l'ours...*
It was child's play for him	*C'était un jeu d'enfant pour lui*
She's got a chip on her shoulder	*Elle est aigrie*
He's a good man when the chips are down	*On peut compter sur lui en cas de pépin*
The room was chock-a-block	*La salle était pleine à craquer*
I'm afraid it's Hobson's choice	*C'est un choix qui n'en est pas un*
Beggars can't be choosers	*Nécessité fait loi*
Are you still churning out books?	*Tu ponds toujours des bouquins à la chaîne ?*

Module 38

She's running round in circles	*Elle tourne en rond*
We've come full circle	*Nous voici revenus au point de départ*
When I asked he clammed up	*Quand j'ai demandé il n'a plus dit un mot*
We really must clamp down on malingerers	*Il faut faire la chasse aux faux malades*
I think you've dropped a clanger	*Je crois que tu as fait une gaffe*
I've never even clapped my eyes on her	*Je ne l'ai même jamais vue de ma vie*
The lawn-mower is clapped out	*La tondeuse est foutue*
He ran like the clappers	*Il courrait à toute blingue*

Module 39

He added a touch of class to the meeting	Il a apporté un peu de classe à la réunion
He's in a class of his own	Il n'a pas son pareil
She decided to make a clean break	Elle a decidé de tourner la page
I think you should come clean	Je crois que tu devrais tout dire
He tried to clear the air	Il a essayé de détendre l'atmosphère
Why don't you clear off	Pourquoi tu ne dégages pas?
Let's clear the decks	Allez, branle-bas de combat
I think he's in the clear	Je pense qu'il est blanchi de tout soupçon

Module 40

As soon as I saw it, it clicked	Dès que je l'ai vu, ça a fait tilt
If he barks, give him a clip	S'il aboie, donne-lui une tape
He's a bit of a clock-watcher	Il a les yeux fixés sur la pendule
We'll have to work round the clock	Il nous faudra travailler sans relâche
That was a close shave	On l'a échappé belle
His head's in the clouds	Il a la tête dans les nuages
She left under a cloud	Elle est partie en disgrâce
He doesn't carry any clout	Il n'a aucun poids

Module 41

We're living in clover	On est comme des coqs en pâte
I haven't a clue	Aucune idée
That's carrying coals to Newcastle	C'est porter de l'eau à la rivière
We were hauled over the coals	On s'est fait passer un savon

The plan went off at half-cock	*Le plan a été lancé avant d'être prêt*
It's a complete cock-and-bull story	*C'est une histoire à dormir debout*

Module 42

Don't be so cocky	*Ne sois pas si sûr de toi*
He's really coining it	*Il fait des affaires en or*
The film left me cold	*Ce film m'a laissé froid*
I was in a cold sweat	*J'en avais des sueurs froides*
He did it in cold blood	*Il a fait ça de sang-froid*
Let's see the colour of your money	*Fais voir la couleur de ton fric*
He showed his true colours	*Il s'est montré sous son vrai jour*
She gave him a come-hither look	*Elle lui a lancé un regard aguichant*

Module 43

I don't think that idea will come off	*Je ne crois pas que cette idée se réalise*
Come off it!	*Arrête ton char!*
It'll come to me in a minute	*Ça va me revenir*
Come to that, where were you?	*D'ailleurs, tu étais où?*
We came up against a lot of opposition	*On a rencontré beaucoup d'oppositions*
We must go, come what may	*Il faut qu'on y aille, coûte que coûte*
He had it coming to him	*Ça lui pendait au nez*
If it comes to that, why were you there?	*Puisqu'on en est là, pourquoi étais-tu là?*

Module 44

There's bound to be a come-back	C'est sûr qu'il va y avoir un retour de baton
He'll get his come-uppance	Il ne l'a pas volé
That'll be cold comfort to him	Ce sera une maigre consolation pour lui
I wouldn't like to commit	Je ne veux pas m'engager
We have a lot of common ground	On a beaucoup de points d'entente
My parents would think that common	Mes parents trouveraient ça vulgaire
He has no common sense	Il n'a pas de jugeotte
We have a lot of interests in common	On a beaucoup d'intérêts communs

Module 45

Will you keep me company?	Tu me tiens compagnie?
Let's compare notes	Echangeons nos impressions
Here he comes, complete with mobile	Le voilà, portable et tout
I must return the compliment	Je dois retourner le compliment
We were conned	On s'est fait avoir
I'm really out of condition	Je ne suis vraiment pas en forme
I'll come on condition he does	Je viendrai à condition qu'il vienne aussi
He's a confidence-trickster	C'est un escroc

Module 46

He rang in connection with the car	Il a appelé à propos de la voiture
You've made a conquest	Tu as fait une conquête

You'll have to take the consequences	Il faudra en assumer les conséquences
We did well, all things considered	On s'est bien débrouillé, vue la situation
I don't think he's taken that into consideration	Je ne pense pas qu'il y ait pensé
Try to be more constructive	Essaie d'être un peu plus constructif
He couldn't contain himself	Il ne pouvait pas se contenir
It was a bone of contention	C'était une pomme de discorde

Module 47

On the contrary, he was indeed there	Au contraire, il était bien là
There's no evidence to the contrary	Il n'y avait aucune évidence du contraire
He was completely out of control	Il avait complètement perdu contrôle
Are the children under control?	Les enfants obéissent?
Cooee! Anybody there?	Ouh ouh! Il y a quelqu'un?
He cooked up some excuse or other	Il a pondu une vague excuse
I told him to cool it	Je lui ai dit de ne pas s'énerver
I just don't think I can cope	Je ne crois pas pouvoir m'en sortir

Module 48

He's a bit of a copycat	C'est un copieur
Some of the lines were very corny	Certaines répliques étaient vraiment bébêtes
We must do it at all costs	Il faut qu'on le fasse coûte que coûte
He's a couch potato	Il traînasse devant la télé toute la journée

Modules 47 – 50

Don't count your chickens	*Il ne faut pas vendre la peau de l'ours...*
You can count me out	*Sans moi*
He really doesn't count	*Il ne compte vraiment pas*
Try to keep count	*Essaie de tenir les comptes*

Module 49

She has the courage of her convictions	*Elle a le courage de ses opinions*
I must pluck up the courage	*Je dois prendre mon courage à deux mains*
In the course of the afternoon	*Pendant l'après-midi*
He expected it as a matter of course	*Il s'attendait à ce que ça coule de source*
Your idea is completely out of court	*Ton idée est complètement inadmissible*
We shall have to cover our tracks	*Il faudra couvrir nos traces*
The whole thing was a cover-up	*On a tenté d'étouffer l'affaire*
We'll be here till the cows come home	*On sera là jusqu'au jour où les poules auront des dents*

Module 50

I'll have a crack at it	*On va tenter le coup*
I think she's cracking up	*Je crois qu'elle est en train de craquer*
We must get cracking	*Il faut qu'on s'y mette*
From the cradle to the grave	*Du berceau au cercueil*
He's a crafty sod	*C'est un petit malin*
Don't cramp my style	*Ne me fais perdre mes moyens*
He went on a crash course	*Il a pris un cours intensif*

23

That really sticks in my craw	Ça me reste en travers de la gorge

Module 51

He's a crawler	Il est lèche-bottes
They creamed off all the profits	Ils ont prélevé tous les bénéfices
I like my creature comforts	J'aime mon petit confort
You're a credit to the family	Tu fais honneur à la famille
To his credit, he's worked very hard	Il faut reconnaître qu'il a travaillé très dur
They're really up the creek now	Ils sont vraiment dans le pétrin
He's on the crest of a wave	Tout lui réussit en ce moment
They're a motley crew	C'était une drôle de bande

Module 52

Their prices are criminal	Leurs prix sont exorbitants
Those are crocodile tears	C'est des larmes de crocodile
The man's a crook	C'est un escroc
It's never cropped up before	La question ne s'est jamais posée
He came a cropper	Il s'est cassé la figure
I think we're at cross purposes	Je crois que nous nous sommes mal compris
I don't suppose it's crossed his mind	Je ne crois pas que ça lui soit venu à l'esprit
He got caught in the crossfire	Il s'est trouvé pris entre deux feux

Module 53

He's an old cross-patch	C'est un vieux grincheux
How far as the crow flies?	C'est loin, à vol d'oiseau?
He's part of the in-crowd	Il fait partie des habitués
When it comes to the crunch	Au moment crucial
He had a crush on her	Il avait le béguin pour elle
The crux of the matter is this:...	Le noeud de l'affaire, c'est que...
It's a far cry from what he's used to	C'est à mille lieues de ce dont il a l'habitude

Module 54

Off the cuff, I wouldn't know	Là, de but en blanc, je ne sais pas
It's not really my cup of tea	Ce n'est pas vraiment mon truc
He's trying to curry favour with her	Il cherche à gagner ses faveurs
He's an ugly customer	C'est un sale type
Cut it out!	Arrête ton char!
She's a cut above her sister	Elle est d'une autre trempe que sa sœur
The matter is cut and dried	L'affaire est décidée
She doesn't like the cut and thrust of business	Elle n'aime pas les estocades des affaires

Module 55

We're going to have to make cut-backs	Il va falloir faire des coupes claires
There's no point in cutting corners	Ça ne sert à rien de rogner sur les coûts
He cut me dead in the street	Il a fait semblant de ne pas me voir dans la rue

That cuts no ice with me	Ça ne m'impressionne guère
They started to cut up rough	Ils se sont mis en boule
He made a cutting remark	Il a fait une remarque cinglante

Module 56

He's daft as a brush	Il est bête comme ses pieds
He looked daggers at her	Il l'a fusillée du regard
What's the damage?	Ça se monte à combien?
That'll put the damper on things	Ça va calmer le jeu
She led him a merry dance	Elle lui a donné du fil à retordre
I dare say he'll come	Il pourrait bien venir
He cut quite a dash	Il a fait de l'effet
He tried to get a date with her	Il a essayé de sortir avec elle

Module 57

That's completely out of date	Ce n'est plus du tout à jour
I haven't heard from him to date	Je n'ai eu aucune nouvelle de lui jusqu'à présent
Come on, don't dawdle	Allez, ne traîne pas
He's getting better day by day	Son état s'améliore de jour en jour
He's a day-dreamer	C'est un rêveur
We do this day in, day out	On fait ça tous les jours
He's in charge of the day-to-day work	Il est responsable des tâches quotidiennes
Some day we may get a chance	Un jour, on en aura peut-être l'occasion

Module 58

O yes, that'll be the day	*Le jour où on verra ça...*
That's daylight robbery	*C'est de l'arnaque*
I'm absolutely dead beat	*Je suis claqué*
This is a dead-end kind of job	*C'est un travail sans débouchés*
She was dead to the world	*Elle dormait comme une souche*
We must cut out the dead wood	*On doit se débarrasser du personnel inutile*
When's the deadline?	*On a jusqu'à quand?*
He had a deadpan face	*Il était de marbre*

Module 59

My appeal fell on deaf ears	*Mon appel n'a pas été entendu*
It's a deal	*Vendu!*
It's no big deal	*Ce n'est pas une affaire*
He's at death's door	*Il est à l'agonie*
You'll catch your death	*Tu vas attraper la mort*
He went off the deep end	*Il s'est mis dans tous ses états*
She was thrown in at the deep end	*On l'a jetée dans le grand bain*
We're getting there by degrees	*On y arrive petit à petit*

Module 60

It's a delicate situation	*C'est une situation délicate*
Don't be so dense	*Ne sois pas si stupide*
It all depends	*Ça dépend*
Depend upon it	*Tu peux compter dessus*

He's completely out of his depth	*Il patauge complètement*
He got his just deserts	*Il a reçu ce qu'il méritait*
He described it in detail	*Il l'a décrit dans les moindres détails*
He was left to his own devices	*Il a été laissé à lui-même*

Module 61

Talk of the devil!	*Quand on parle du loup…*
I'm dying to see him	*Je meurs d'envie de le voir*
The noise died down	*Le bruit s'est éteint*
He's a real die-hard	*C'est un jusqu'au boutiste*
Never say die!	*Il ne faut jamais désespérer*
The die is cast	*Les jeux sont faits*
I hope she won't make difficulties	*J'espère qu'elle ne va pas causer de problèmes*
I think he's having a dig at you	*Je crois qu'il te lance une pique*

Module 62

He's on the horns of a dilemma	*Il est pris dans un dilemme*
He'll take a dim view of that	*Il verra ça d'un mauvais oeil*
He got there by dint of hard work	*Il y est arrivé à la force du poignet*
The shoes were dirt cheap	*Elles étaient données, ces chaussures*
She treated him like dirt	*Elle l'a traité comme un moins que rien*
Don't wash your dirty linen in public	*Ne lave pas ton linge sale en public*
He gave her a dirty look	*Il lui a lancé un sale regard*
That was a really dirty trick	*C'était vraiment un sale tour*

Modules 61 – 65

Module 63

He left her to do the dirty work	*Il lui a laissé faire le sale boulot*
He did the dirty on her	*Il l'a trompée*
He's in disgrace	*Il est en disgrâce*
That's a blessing in disguise	*C'est une aubaine cachée*
They left the room in disgust	*Ils sont partis dégoûtés*
She's dishing out the tickets now	*Elle distribue les tickets maintenant*
That was a dismal performance	*C'était une représentation lamentable*
He had a PC at his disposal	*Il avait un ordinateur à sa disposition*

Module 64

He made a last ditch attempt	*Il a fait une dernière tentative*
That really did for him	*Ça l'a achevé*
Music does nothing for me	*Je ne suis pas sensible à la musique*
He did me out of five pounds	*Il m'a nettoyé de 5 livres*
You must tell me all the do's and don'ts	*Dis-moi ce qu'il doit faire ou ne pas faire*
They're doing up the house	*Ils retapent la maison*
He's done very well for himself	*Il a très bien réussi*
They did very well out of the deal	*Ils s'en sont très bien tirés*

Module 65

You'll just have to do without	*Alors, tu feras sans*
The situation is a bit dodgy	*C'est un peu louche*
He's being a bit dog in the manger about it	*Il fait l'empêcheur de tourner en rond*

29

He leads a dog's life	Il mène une vie de chien
He's completely gone to the dogs	Il a mal tourné
She's a relentless do-gooder	C'est un pilier de bonnes oeuvres
We're in the doldrums	On est dans le marasme
We're done for	On est cuit

Module 66

She does all the donkey-work	Elle fait tout le gros du travail
That was donkey's ears ago	C'était il y a des lustres
I'll just dot the i's and cross the t's	Je vais mettre les points sur les i
He had to sign on the dotted line	Il a dû s'incliner
He arrived at three on the dot	Il est arrivé à 3 heures pile
It's been there since the year dot	C'est là depuis la nuit des temps
He left at the double	Il est parti au pas de course
Please would you double-check?	Voulez-vous bien vérifier?

Module 67

I think he's double-crossing her	Je crois qu'il la trompe
They have double standards	Ils ont deux poids, deux mesures
He was down and out	Il était sur le pavé
He looked a bit down in the mouth	Il avait l'air d'avoir le moral à zéro
She's a very down-to-earth person	Elle a les pieds bien sur terre
Down with Fascism!	A bas le fascisme!
What a drag	Quelle barbe!
There's no need to drag that up	Pas la peine de ressortir ça

Module 68

It's money down the drain	C'est de l'argent jeté par les fenêtres
Where does one draw the line?	Où met-on la limite?
He's very quick on the draw	Il a la détente rapide
In your dreams!	Tu peux toujours rêver!
Who dreamed this up?	Qui a pondu ça?
It worked like a dream	Ça a marché à merveille
He gave her a good dressing down	Il lui a passé un bon savon

Module 69

He knows the drill	Il connaît la musique
He's a bit of a drip	C'est une lavette
He lacks drive	Il manque d'énergie
He'll stop at the drop of a hat	Il s'arrête pour un oui pour un non
I think I've dropped a brick	Je crois que j'ai fait une bourde
Drop in some time	Passe à la maison un de ces jours
I must have dropped off	J'ai dû m'endormir

Module 70

He was a university drop-out	Il avait abandonné ses études universitaires
We must really drum it in to them	On doit vraiment leur rabâcher
I think we'll need a dry run	Il va nous falloir un tour d'essai
It's like water off a duck's back	Ça n'a aucun effet
He'll pay in due course	Il paiera en temps voulu
This place is a real dump	C'est un vrai taudis

I'm duty bound to go	J'ai le devoir d'y aller
He was off duty at the time	Il n'était pas de service ce jour-là

Module 71

There's no need to dwell on it	Pas la peine de s'y attarder
Go on, I'm all ears	Vas-y, je suis tout ouïe
She gave him an ear-bashing	Elle l'a enguirlandé
The early bird catches the worm	L'avenir appartient à qui se lève tôt
It's still early days	C'est encore trop tôt
I was up till the early hours	J'étais debout jusqu'à l'aube
That's a nice little earner	Ça rapporte bien
It had an earth-shattering effect	Ça a eu un effet spectaculaire

Module 72

He doesn't stand an earthly	Il n'a pas l'ombre d'une chance
I can never feel at ease	Je ne me sens jamais à l'aise
Easy does it, now	Vas-y mollo
It could easily rain	Il se pourrait bien qu'il pleuve
That would be easy money	Ce serait de l'argent facile
She's very easy on the eye	Elle est agréable à regarder
Just as you like, I'm easy	Comme tu veux, ça m'est égal
Take it easy	Calme-toi

Module 73

What's eating you?	Qu'est-ce qui te tracasse ?
I'll make him eat his words	Je lui ferai ravaler ses paroles

I'm afraid I'm rather on edge	*Désolé, mais je suis à cran*
He did it for effect	*Il a fait ça pour se rendre intéressant*
Don't put all your eggs in one basket	*Ne mets pas tous tes oeufs dans le même panier*
I ended up with egg on my face	*J'ai fini par avoir l'air ridicule*
A little elbow-grease is required	*Ça demande un peu d'huile de coude*
I could do with some elbow room	*Je voudrais bien avoir les coudées franches*

Module 74

The atmosphere was electric	*Il y avait de l'électricité dans l'air*
He's in his element	*Il est dans son élément*
Leave now, or else	*Tu ferais mieux de ficher le camp maintenant*
He's an empire-builder	*C'est un bâtisseur d'empires*
He returned empty-handed	*Il est revenu bredouille*
He came to a sticky end	*Il a mal fini*
Keep your end up	*Défends-toi*
It's difficult to make ends meet	*C'est dur de joindre les deux bouts*

Module 75

We had no end of trouble with him	*On n'arrête pas d'avoir des problèmes avec lui*
He's his own worst enemy	*Il est son pire ennemi*
He's not equal to the job	*Il n'est pas à la hauteur de la tâche*
He could sell fridges to Eskimos	*Il vendrait de la glace aux Esquimaux*
I'll get even with him	*Je lui revaudrai ça*

She's every bit as clever as he is	Elle est tout aussi intelligente que lui
Honesty is everything	C'est l'honnêteté qui compte
I saw my ex the other day	J'ai vu mon ex l'autre jour

Module 76

I take exception to that	J'en suis indigné
The whole exercise was a waste of time	Tout cela n'était qu'une perte de temps
I think she's expecting	Je crois qu'elle est enceinte
They were laughing at my expense	Ils riaient à mes dépens
He tried to explain away his absence	Il a essayé de se justifier de son absence
He's correct to a certain extent	Il a raison jusqu'à un certain point
She tends to go to extremes	Elle ne fait jamais les choses à moitié
All eyes were on him	Tous les regards étaient braqués sur lui

Module 77

It was an eye-opener for him	Ça lui a ouvert les yeux
He has an eye for a bargain	Il a l'oeil pour les bonnes affaires
Would you keep an eye on her	Tu veux bien la surveiller?
Keep your eyes open	Garde les yeux grands ouverts
That's one in the eye for the boss	C'est un point en moins pour le patron
He went into it with his eyes open	Il s'est lancé en pleine connaissance de cause
I'm up to my eyes in debt	Je suis dans les dettes jusqu'au cou

Module 78

It's time to face the music	*Il va devoir braver l'orage*
At last we meet face to face	*Enfin nous nous rencontrons*
She needs to face up to it	*Elle doit y faire face*
He took it at face value	*Il a pris ça pour argent comptant*
He put a brave face on it	*Il a fait bonne figure*
She'll try to save face	*Elle essaiera de sauver la face*
Why didn't you say that to my face?	*Pourquoi tu ne me l'as pas dit en face?*
It's a fact of life	*C'est une réalité*

Module 79

You must meet him without fail	*Il faut absolument que tu le rencontres*
All I want is a fair deal	*Ce que je veux c'est un arrangement honnête*
OK, fair enough	*D'accord, ça marche*
She's fair game	*Elle sait à quoi s'en tenir*
She's just a fair-weather friend	*C'est juste une amie des beaux jours*
I'm just a fall-guy	*Je ne suis qu'un bouc-émmissaire*
It's all beginning to fall into place	*Ça commence à se mettre en place*

Module 80

Sales are beginning to fall off	*Les ventes commencent à baisser*
They fell over themselves to help him	*Ils se sont battus pour l'aider*
The deal has fallen through	*L'affaire est tombée à l'eau*

It fell to me to start things moving	C'est moi qui ai dû faire bouger les choses
It's a false alarm	C'est une fausse alerte
He got it under false pretences	Il l'a eu par des moyens frauduleux
I think she fancies you	Je crois que tu lui plais

Module 81

He fancies himself as a gardener	Il se croit jardinier
As far as I'm concerned	Pour moi
That excuse is a bit far-fetched	Cette excuse est un peu tirée par les cheveux
The effects will be far-reaching	Les conséquences iront loin
I think she'll go far	Je crois qu'elle ira loin
You always go too far	Tu ne sais pas t'arrêter
So far, so good	Tout va bien jusqu'à présent

Module 82

They farmed out some of the work	Ils ont cédé une partie du travail à un sous-traitant
I think they've pulled a fast one	Je crois qu'ils m'ont roulé
We're living off the fat of the land	On vit grassement
I can't fathom him	Je ne le cerne pas
He's always finding fault	Il trouve toujours à redire
I'm in favour of stopping	Je suis d'avis qu'on s'arrête
He's currently out of favour	Il n'a pas la cote en ce moment

Module 83

It's bad to have favourites	*Il ne faut pas faire de favoritisme*
Never fear, he won't come	*Ne t'en fais pas, il ne viendra pas*
No fear!	*Sûrement pas!*
It's a feather in his cap	*C'est un fleuron à sa couronne*
She's trying to feather her nest	*Elle essaie de s'engraisser sur son dos*
Did you get any feedback?	*Tu en as eu des échos?*
I feel like a swim	*J'ai envie d'aller nager*
I don't feel up to it	*Je n'en ai pas envie*

Module 84

It's difficult to get the feel of it	*Il est difficile de s'en faire une idée*
He made himself felt	*Il s'est fait sentir*
You can't sit on the fence	*Tu ne peux pas ménager la chèvre et le chou*
The office was at fever pitch	*Le bureau était en effervescence*
Good workers are few and far between	*On compte les bons travailleurs sur les doigts de la main*
It was a complete fiasco	*C'était un fiasco total*

Module 85

I reckon he's on the fiddle	*Je crois qu'il traficote*
They were having a field day	*Ils jouaient de la situation*
I think we have a fighting chance	*Je crois que nous avons une assez bonne chance*
He's become a figure of fun	*Il est devenu un sujet de ridicule*

It's just a figure of speech	C'est une façon de parler
I think this should fit the bill	Je crois que ça devrait faire l'affaire
She hasn't found her feet yet	Elle n'a pas encore trouvé ses marques

Module 86

Can you find your way?	Tu sais te retrouver ?
I'm all fingers and thumbs today	Je suis maladroit aujourd'hui
Come on, pull your finger out	Allez, remue-toi un peu
I can't quite put my finger on it	Je ne peux pas mettre le doigt dessus
He'll be there at the finish	Il assistera au dénouement
We got the information at first hand	On l'a appris de première main
He's a first-rate worker	C'est un travailleur de première classe
Come and see me first thing	Venez me voir demain matin à la première heure

Module 87

He doesn't know the first thing about it	Il n'y connaît rien du tout
She knew about it from the first	Elle était au courant depuis le début
He was there from first to last	Il a été là du début jusqu'à la fin
In the first place I wasn't even there	D'abord, je n'y étais même pas
She was like a fish out of water	Elle était comme un poisson hors du bocal
Do you think he'll fit in?	Tu crois qu'il s'intégrera bien ?
We got there in fits and starts	On y est arrivé par à-coups

Module 88

If he finds out he'll have a fit	S'il l'apprend il fera une crise
She had us in fits	Elle nous a fait mourir de rire
The race was fixed	La course était truquée
How are you fixed for Monday?	Lundi, ça vous va?
He fixed me up with a hat and coat	Il m'a trouvé un chapeau et un manteau
She's an old flame of his	C'est un de ses anciens béguins
She got into a flap	Elle était dans tous ses états
It was all over in a flash	En un clin d'oeil c'était fini

Module 89

He dresses rather flashily	Il s'habille de façon plutôt voyante
He was running flat out	Il courait comme un dératé
I turned him down flat	Je l'ai refusé tout net
We caught him flat-footed	Nous l'avons pris par surprise
What's the flavour of the month?	Quelle est la coqueluche du moment?
I sent him away with a flea in his ear	Je l'ai envoyé promener
It's more than flesh and blood can bear	C'est plus que la nature humaine ne peut endurer
He flicked through the newspaper	Il feuilleta le journal

Module 90

That's a rather flimsy excuse	C'est une piètre excuse
You're flogging a dead horse	Tu perds ton temps
That subject has been flogged to death	On a rabâché ce sujet cent fois

It was a complete fluke	C'était un pur coup de chance
Are you going to have a flutter?	Est-ce que tu vas parier un peu d'argent ?
He's a bit of a fly-by-night	C'est un tout-fou
He's a high-flyer	C'est un ambitieux
That flies in the face of common sense	Ça défie le sens commun

Module 91

He flew into a rage	Il s'est mis dans une violente colère
There are no flies on him	Il n'est pas né de la dernière pluie
We are off to a flying start	On prend un départ en flèche
He passed with flying colours	Il a réussi haut la main
That doesn't necessarily follow	Ça ne suit pas forcément
I followed suit	J'ai suivi
He's a bit of a foodie	Il est amateur de bonne cuisine

Module 92

He's acting the fool	Il fait l'imbécile
It's a fool's paradise	C'est un bonheur illusoire
He made a fool of himself	Il s'est ridiculisé
He's got his feet on the ground	Il a les pieds sur terre
I think we've got a foot in the door	Je crois qu'on a un pied dans la porte
He never puts a foot wrong	Il ne commet jamais la moindre erreur
I'm going to put my feet up	Je vais me reposer un peu
She put her foot down	Elle a mis le holà

Module 93

You've really put your foot in it	Tu as vraiment mis les pieds dans le plat
He followed in his father's footsteps	Il a suivi les traces de son père
God forbid!	Dieu m'en garde!
We must force his hand	Il faut qu'on lui force la main
Let's join forces	L'union fait la force
It's a foregone conclusion	C'est joué d'avance
Not for the foreseeable future	Pas dans l'avenir immédiat
In the end we had to fork out	En fin de compte, il a fallu qu'on casque

Module 94

She's in good form this evening	Elle est en forme ce soir
Swimming's not my forte	La natation, ce n'est pas mon fort
He made himself a small fortune	Il s'est fait une petite fortune
Just time for forty winks	Juste le temps pour un petit somme
I suspect foul play	C'est louche!
No four-letter words please	Pas de jurons, s'il-vous-plaît
He was on all fours	Il était à quatre pattes
He was in a disturbed frame of mind	Il avait l'esprit troublé

Module 95

I've been framed	J'ai été victime d'un coup monté
The meeting was very free and easy	La réunion a été très détendue
It ended up as a free-for-all	Ça s'est fini en foire d'empoigne
Do you have a free hand in this?	Tu peux faire ce que tu veux?

They tried to freeze him out	*Ils ont essayé de l'écarter*
I've got a frog in my throat	*J'ai un chat dans la gorge*
He's a front-runner	*C'est l'un des favoris*
I'm afraid we're very small fry	*Désolé, on est du menu fretin*

Module 96

He's a bit of a fuddy-duddy	*C'est un vieux schnock*
He was lying full-length on the floor	*Il était étendu par terre de tout son long*
I'll give him full marks for that	*Je l'en félicite*
It was a full-scale attack	*C'était une bataille rangée*
The party was in full swing	*La soirée battait son plein*
He stood there in full view	*Il était là, au vu et au su de tous*
I relished it to the full	*J'en ai pleinement profité*
In the fullness of time	*Avec le temps*

Module 97

He was absolutely fuming	*Il bouillait de colère*
There were all sorts of fun and games	*On ne risquait pas de s'ennuyer*
We went just for the fun of it	*On y est allé pour rire*
Have fun!	*Amusez-vous bien!*
I only said it in fun	*Je plaisantais*
That's your funeral	*Tant pis pour toi!*
No funny business, please	*Pas d'irrégularités*
We must wait until further notice	*On attend jusqu'à nouvel ordre*

Module 98

Don't make such a fuss	*Ne fais pas toute une histoire*
She makes a great fuss of him	*Elle en fait tout un plat*
She's a fuss-pot	*C'est une enquiquineuse*
He's got the gift of the gab	*Il a du bagout*

Module 99

She's fond of playing to the gallery	*Elle aime bien épater la gallerie*
I'm afraid the game's up	*J'ai bien peur que tout soit fichu*
Come on, play the game	*Allez, joue le jeu*
They ganged up on him	*Ils se sont ligués contre lui*
I was at my last gasp	*J'étais à l'agonie*
I gather he was angry	*J'en déduis qu'il était fâché*
We were all geared up for the match	*Nous étions parés pour le match*
In general he's a good worker	*En général il travaille bien*

Module 100

We had a gentleman's agreement	*Nous avions un accord reposant sur l'honneur*
News gets around	*Les nouvelles vont vite*
I can't get it across to him	*Je n'arrive pas à lui faire comprendre*
We get along very well	*Nous nous entendons très bien*
I'll get my own back	*Je me vengerai*
We just about get by	*On s'en sort tout juste*
He really gets me down	*Il me fiche le cafard*

Module 101

I'll get even with you	*Je te revaudrai ça*
Try to get hold of him	*Essaie de le contacter*
I just don't get it	*Je ne comprends pas*
Try to get it into your head	*Essaie de te rentrer ça dans la tête*
He got off lightly	*Il s'en est bien tiré*
We don't get on at all	*On ne s'entend pas du tout*
There's no getting out of it now	*On ne peut pas y échapper maintenant*
I'll get round to it some time	*Je le ferai un de ces jours*

Module 102

It's their annual get-together	*C'est leur rencontre annuelle*
She's got get up and go	*Elle a un allant fou*
Never look a gift-horse in the mouth	*A cheval donné on ne regarde pas la bride*
That would be gilding the lily	*Ça serait de trop*
It's just a gimmick	*C'est juste un truc*
There's got to be give and take	*Il faut des concessions mutuelles*
You've given the game away	*Tu as vendu la mèche*
She gives herself airs	*Elle se donne des airs*

Module 103

About a hundred, give or take	*Une centaine, à peu de choses près*
He really gave her what for	*Il lui a vraiment dit sa façon de penser*
She's giving him the glad eye	*Elle lui fait de l'oeil*
She's got her glad rags on	*Elle est sur son trente-et-un*

About a dozen, at a glance	*Une douzaine, à vue de nez*
We had a glorious time	*On s'est bien amusés*
They're working hand in glove	*Ils sont de mèche*

Module 104

Have we got the go-ahead?	*On a le feu vert?*
He's gone down with mumps	*Il a attrapé les oreillons*
He's a go-getter	*C'est un ambitieux*
I think we should go halves	*Je crois qu'on devrait partager*
I don't go in for that kind of thing	*Ce genre de choses ne m'intéresse pas*
You can go to hell	*Vas au diable*
You'll have to go without	*Tu devras faire sans*
I'm prepared to have a go	*Je veux bien essayer*

Module 105

She's always on the go	*Elle est toujours par monts et par vaux*
This is a God-forsaken place	*C'est un trou paumé*
That was a godsend	*C'était un don du ciel*
He was finding it heavy going	*Il trouvait ça lourd*
That should be enough to be going on with	*Ça devrait suffire pour commencer*
We should leave while the going is good	*On devrait partir tant que les circonstances le permettent*
He got a golden handshake	*Il a eu une grosse prime de départ*
It's a golden rule	*C'est une règle d'or*

Module 106

He as good as told me	Il me l'a pour ainsi dire avoué
A holiday will do you good	Des vacances vous feront du bien
I put in a good word for him	J'ai glissé un mot en sa faveur
Send them in good time	Envoyez-les à temps
All in good time, my friend	Chaque chose en son temps, mon ami
I think she's up to no good	Je crois qu'elle prépare un mauvais coup
He took it in good part	Il a pris la chose du bon côté
She's a bit of a goody-goody	C'est une petite fille modèle

Module 107

He gives me goose-pimples	Il me donne la chair de poule
I don't like playing gooseberry	Je n'aime pas tenir la chandelle
That's the gospel truth	C'est parole d'évangile
The position is up for grabs	Le poste est à pourvoir
Do you think he'll make the grade?	Tu crois qu'il sera à la hauteur?
He's a real grafter	C'est un bosseur
That goes against the grain	C'est contre nature
It's time we grasped the nettle	Il est temps de prendre le taureau par les cornes

Module 108

We must consult the grass-roots	Il faut consulter la masse
Keep you nose to the grindstone	Travaille sans relâche
We must get to grips with the problem	Il faut qu'on s'attaque au problème

Modules 106 – 111

Do you think it'll ever get off the ground?	Tu crois que ça ne va jamais démarrer?
I think we're losing ground	Je crois qu'on perd du terrain
I think he'll grow out of it	Je crois que ça lui passera
It's time you grew up	Il faudrait peut-être grandir un peu
How are you? Mustn't grumble	Ça va? Faut pas se plaindre

Module 109

I was taken off guard	J'ai été pris par surprise
It's at five, I guess	C'est à cinq heures, je crois
I wish he'd show more gumption	J'aimerais qu'il ait un peu plus de jugeotte
We were going great guns	On marchait à pleins gaz
I think he's jumped the gun	Je crois qu'il a agi un peu vite
We must stick to our guns	On n'en démordra pas
What's your gut feel?	Qu'est-ce que tu penses instinctivement?
I hate his guts	Je ne peux pas le blairer

Module 110

The man has guts	Il a du cran
He was absolutely gutted	Il était écoeuré
Don't make a habit of it	N'en fais pas une habitude

Module 111

He makes my hackles rise	Il me met en rogne
It was a hair-raising experience	C'était une expérience terrifiante
He's inclined to split hairs	Il coupe toujours les cheveux en quatre

Calm down, keep your hair on	*Ne t'excite pas!*
She really let her hair down	*Elle s'est vraiment défoulée*
He didn't turn a hair	*Il n'a pas bronché*
He doesn't do things by halves	*Il ne fait pas les choses à moitié*
I think it's a half-baked idea	*Je trouve que c'est une idée à la noix*

Module 112

He'll go if you give him half a chance	*Il partira à la première occasion*
You don't know the half of it	*Tu n'en connais pas la moitié*
She was a bit ham-fisted	*Elle était un peu maladroite*
They went at it hammer and tongs	*Ils y sont allés à bras raccourcis*
Luckily there was help at hand	*Heureusement qu'ils avaient de l'aide à portée de main*
We live from hand to mouth	*On vit au jour le jour*
It's important I keep my hand in	*C'est important que je garde la main*

Module 113

Give me a hand with this	*Donne-moi un coup de main*
I've got to hand it to you	*Je dois vous rendre cette justice*
They won hands down	*Ils ont gagné haut la main*
They've got their hands full	*Ils ont du pain sur la planche*
The whole thing's got out of hand	*L'affaire a échappé à tout contrôle*
He can turn his hand to anything	*C'est un touche à tout*
I can't seem to get the hang of it	*Je n'arrive jamais à comprendre le truc*
He was hanging around all day	*Il traînait toute la journée*

Module 114

She's got a hangover	*Elle a la gueule de bois*
As it happens, I can manage that	*Justement, je peux le faire*
He's very happy-go-lucky	*Il est insouciant*
He's gone to the happy hunting ground	*Il est allé au paradis*
Don't be hard on her	*Ne sois pas trop dur avec elle*
He'll be hard put to be on time	*Il aura bien du mal à être à l'heure*
She's feeling hard-done-by	*Elle a l'impression d'avoir été mal traitée*
She's had a lot of hard luck	*Elle n'a pas eu de chance*

Module 115

He's a hard bitten type	*C'est un dur à cuire*
Keep all this under your hat	*Garde ça pour toi*
You've got to take your hat off to him	*Il faut lui tirer notre chapeau*
I'm going to have it out with him	*Lui et moi on va s'expliquer*
We've been had	*On s'est fait avoir*
He was had up for speeding	*Il s'est fait chopé en excès de vitesse*
We should make hay while the sun shines	*Il faut battre le fer tant qu'il est chaud*
It came to a head on Wednesday	*C'est devenu critique mercredi*

Module 116

He was covered from head to toe	*Il était couvert de la tête aux pieds*
Success has gone to his head	*Le succès lui est monté à la tête*

He's got his head in the sand	*Il joue la politique de l'autruche*
He's head over heels in love	*Il est éperdument amoureux*
They've got a head start on us	*Ils ont un avantage sur nous*
She must keep her head	*Il faut qu'elle garde son sang-froid*
We must keep our heads above water	*Il faut qu'on garde la tête hors de l'eau*
We should put our heads together	*On devrait se consulter*

Module 117

I've never heard of him	*Je n'ai jamais entendu parler de lui*
I will not hear of it	*Je ne veux pas en entendre parler*
He's a good man at heart	*Il a un bon fond*
She's breaking my heart	*Elle me brise le cœur*
I don't have the heart to tell him	*Je n'ai pas le courage de lui dire*
She wears her heart on her sleeve	*Elle ne cache pas ses émotions*
In the heat of the moment, I forgot	*Sur le moment, j'ai oublié*
He's in his seventh heaven	*Il est au septième ciel*

Module 118

We're finding it heavy going	*On trouve ça lourd*
She looked down at heel	*Elle avait l'air miteux*
She gave him hell	*Elle lui a fait sa fête*
We could do with a helping hand	*On apprécierait un coup de main*
Please help yourself	*Servez-vous*
That's neither here nor there	*Ce n'est pas la question*
He who hesitates is lost	*Aux audacieux les mains pleines*

Modules 117 – 121

I think there's a hidden agenda	*Je crois qu'il y a anguille sous roche*

Module 119

Don't hide your light under a bushel	*Ne mets pas ta lampe sous le boisseau*
He's a high-flyer	*C'est un ambitieux*
He's for the high jump	*Il va se faire virer*
She likes the high life	*Elle aime mener la grande vie*
It's high time we left	*Il est grand temps de partir*
Get down off your high horse	*Ne monte pas sur tes grands chevaux*
It was a hit-and-run case	*C'était un cas de délit de fuite*
I never really hit it off with her	*Je n'ai jamais vraiment accroché avec elle*

Module 120

We finally hit upon a solution	*On a fini par trouver une solution*
Time we hit the road	*Il est temps de prendre la route*
I think she should go the whole hog	*Je crois qu'elle devrait y aller carrément*
She still holds it against me	*Elle m'en veut toujours*
I'm holding the fort till Wednesday	*J'assure la permanence jusqu'à mercredi*
She can hold her head high	*Elle peut marcher la tête haute*
Whoa, hold your horses	*Eh, doucement!*
You'd be wise to hold your tongue	*Il serait sage que tu tiennes ta langue*

Module 121

There's no holding her	*On ne la retiendra pas*
She's a bit holier than thou	*Elle a un petit complexe de supériorité*
I think we're home and dry	*Je crois qu'on est sauvé*

51

I told her some home truths	*Je lui ai dit ses quatre vérités*
Will you do the honours?	*Voulez-vous faire les présentations?*
I'm honour bound to help	*J'ai le devoir de les aider*
I think the honours are even	*Je crois qu'on est quitte*
We'll get there by hook or by crook	*On y arrivera coûte que coûte*

Module 122

She fell for it hook, line and sinker	*Elle a tout gobé*
I think we're off the hook	*Je crois qu'on est tiré d'affaire*
He was put through the hoop	*On l'a mis sur la sellette*
It doesn't matter two hoots	*Ça n'a aucune espèce d'importance*
She was hopping mad	*Elle était folle furieuse*
You caught me on the hop	*Tu m'as pris au dépourvu*
He's on the horns of a dilemma	*Il est en plein dilemme*
You've stirred up a hornet's nest	*Tu as mis le feu aux poudres*

Module 123

I got it straight from the horse's mouth	*Je l'ai appris de première main*
I think some horse-trading is necessary	*Je pense qu'il faut qu'on discute*
It's a political hot potato	*C'est un sujet brûlant*
No need to get so hot under the collar	*Pas la peine de s'exciter*
I'm not feeling so hot	*Je ne me sens pas très en forme*
We get on like a house on fire	*On s'entend comme larrons en foire*

Modules 122 – 126

This is on the house	*C'est aux frais de la maison*
How about a cool drink?	*Ça vous dit, une boisson fraîche?*

Module 124

He was obliged to eat humble pie	*Il a été obligé de faire de plates excuses*
I think we're over the hump now	*Je crois que le plus difficile est passé maintenant*
It's all very hush-hush	*C'est top secret*
The whole thing was hyped up	*L'affaire a été montée en épingle*

Module 125

We put the project on ice	*On a mis le projet en attente*
You're walking on thin ice	*Tu es sur un terrain glissant*
That's the icing on the cake	*C'est la cerise sur le gâteau*
I haven't the slightest idea	*Je n'ai pas la moindre idée*
If only he was here	*Si seulement il était là*
We see him rarely, if at all	*On le voit rarement, voire pas du tout*
I hope there's no ill feeling	*Sans rancune?*
You shouldn't speak ill of the dead	*Il ne faut pas dire de mal des morts*

Module 126

I am under no illusions	*Je ne me fais pas d'illusions*
It's the in thing	*C'est le truc à la mode*
You're in for a nasty shock	*Tu vas avoir une mauvaise surprise*
Let me in on it	*Dis-moi ce qu'il en est*
We must consider the ins and outs	*Il faut considerer les tenants et les aboutissants de la question*

I think we're in with a chance	*Je crois qu'on a une chance*
She's very in with the boss	*Elle est bien avec le patron*
Give her an inch and she'll take a mile	*Donnez-lui-en long comme le doigt et elle en prendra long comme le bras*

Module 127

He likes to travel incognito	*Il aime voyager incognito*
Crime is on the increase	*Les crimes augmentent*
We had inside information	*On avait des tuyaux*
I think this is an inside job	*Je crois que c'est un coup de quelqu'un de la maison*
He had it on inside out	*C'était à l'envers*
We'll be finished inside of a week	*On aura fini en une semaine*
That was an inspired guess	*Bien deviné*
He paused at intervals to look up	*Il s'arrêtait de temps en temps pour regarder en l'air*

Module 128

We're going to have to look into it	*Il va falloir qu'on regarde ça de plus près*
She's really into painting	*Elle est passionnée par la peinture*
There are difficulties we must iron out	*On a des difficultés à aplanir*
We survived on iron rations	*On a survécu avec des rations de réserve*
That's not the point at issue	*Ce n'est pas la question*
I must take issue with you on that	*Je ne partage pas votre avis là-dessus*
That's exactly it	*C'est exactement ça*
That in itself was not enough	*En soi ce n'était pas assez*

Module 129

He's a jack-of-all-trades	*C'est un homme à tout faire*
The place was jam packed	*C'était plein à craquer là-dedans*
At last it's beginning to jell	*Enfin, les choses commencent à prendre tournure*
I think we're jinxed	*Je crois qu'on a la guigne*
That's just the job	*Exactement ce qu'il nous faut*
He made a very good job of it	*Il a fait du très bon travail*
They were jockeying for position	*Ils manoeuvraient pour bien se placer*
We should join forces	*On devrait unir nos forces*

Module 130

The joke's on you	*On t'a bien eu*
He went for the jugular	*Il est allé droit au coeur*
I jumped at the offer	*J'ai sauté sur l'occasion*
He's a jumped-up nobody	*C'est un parvenu*
I tried to explain but he jumped on me	*J'ai essayé d'expliquer mais il m'a sauté dessus*
Don't jump the queue	*Faites la queue*
I've just about finished	*J'ai à peu près fini*
Take some, just in case	*Prends-en, au cas où*

Module 131

I saw him just now	*Je viens de le voir*
I'm not feeling too good just now	*Je ne me sens pas très bien pour l'instant*

They like things to be just so	Ils aiment que les choses soient comme il faut
You're not doing him justice	Tu ne lui rends pas justice
He didn't do himself justice	Il ne s'est pas rendu justice
How are you keeping?	Comment vous portez-vous?
It's important to keep in with him	C'est important de rester en bons termes avec lui

Module 132

He keeps himself to himself	Il ne se mêle pas aux autres
They're trying to keep up with the Jones's	Ils ne veulent pas faire moins bien que les voisins
This is a pretty kettle of fish	Nous voilà dans de beaux draps
He needs a kick up the backside	Il a besoin d'un coup de pied au derrière
No point kicking up a fuss	Pas la peine d'en faire toute une histoire
I spent all day kicking my heels	J'ai passé toute la journée à faire le poireau

Module 133

That way we kill two birds with one stone	Comme ça, on fera d'une pierre deux coups
He's a bit of a kill-joy	C'est un rabat-joie
It's very good of its kind	C'est très bon dans son genre
He was a solicitor of a kind	Il était plus ou moins notaire
They're two of a kind	Ils sont du même acabit
He won't take kindly to that	Il n'appréciera guère
She's a kindred spirit	C'est une âme soeur

Module 134

They're asking a king's ransom for it	Ils réclament des sommes fabuleuses
We'll be here till kingdom come	On sera là jusqu'à la fin des temps
You can kiss goodbye to your job	Tu peux dire adieu à ton boulot
It was a kiss of death	Ce fut le coup fatal
You've got everything there but the kitchen sink	Tu as tout sauf les murs
If she knew, she'd have kittens	Si elle savait, elle piquerait une crise
He has the knack of offending people	Il a le don d'offenser les gens
I'm absolutely knackered	Je suis absolument crevé

Module 135

It was a knee-jerk reaction	C'était une réaction instinctive
I'm knee-deep in paperwork	Je suis dans la paperasse jusqu'au cou
I'm asking on bended knee	Je te le demande à genoux
He came round before you could say knife	Il est venu en moins de temps qu'il n'en faut pour le dire
She's got her knife into him	Elle en a après lui
The business is on a knife-edge	L'affaire ne tient qu'à un fil
You could cut the atmosphere with a knife	Il y avait une atmosphère à couper au couteau

Module 136

Have you seen a hammer knocking around?	Tu n'as pas vu un marteau qui traînait?
He can certainly knock it back	Il a une bonne descente, ça c'est certain

There's bound to be a knock on effect	Il va surement y avoir une réaction en chaîne
He knocked spots off his opponent	Il a battu son adversaire à plates coutures
We're going to have to knock heads together	Il va falloir en prendre un pour taper sur l'autre

Module 137

Could you knock together a table for me?	Tu peux me bricoler une table en vitesse?
He took a hard knock financially	Ça a été un coup dur pour lui financièrement
She tied him in knots	Elle l'a embrouillé
He was in the know all the time	Il était au courant depuis le début
For all I know he's left	Pour ce que j'en sais, il est parti
He's been known to sleep in the afternoon	Ce n'est pas rare qu'il dorme l'après-midi

Module 138

I knew it!	Je le savais!
I know what, we could eat early	Tu sais quoi, on pourrait manger de bonne heure
He's a bit of a know-all	C'est un monsieur je-sais-tout
We lack the know-how	Nous n'avons pas le savoir faire
She knows her own mind	Elle sait ce qu'elle veut
He knows a thing or two	Il sait pas mal de choses
He just doesn't want to know	Il ne veut rien savoir

Module 139

He's after you-know-what	Ce qui l'intéresse, c'est tu-sais-quoi
To the best of my knowledge, he's left	A ma connaissance, il est parti
It's time she knuckled down to it	Il est temps qu'elle s'y mette
He wants all the kudos	Il veut tous les lauriers

Module 140

It was a labour of love	C'était un travail fait par plaisir
We gave up for lack of equipment	On a abandonné faute de matériel
The children lack for nothing	Les enfants ne manquent de rien
His speech was very la-di-dah	Son discours était vraiment maniéré
He's a real lady-killer	C'est un bourreau des coeurs
He accepted it like a lamb	Il a accepté sans broncher
We can't have any lame ducks	On ne veut pas de canards boiteux
He landed on his feet	Il est retombé sur ses pieds

Module 141

It's in the lap of the gods	C'est entre les mains des dieux
They live in the lap of luxury	Ils vivent dans le plus grand luxe
At long last he arrived	Il a fini par arriver
We must make a last ditch attempt	Il faut qu'on tente une dernière chance
They made a last minute adjustment	Ils ont fait un changement de dernière minute
That's the last straw	C'est la goutte que fais déborder le vase

Module 142

I have a cup of milk last thing	Je bois une tasse de lait avant de me coucher
It's the last word in photocopiers	C'est le dernier cri en matière de photocopieuses
We must fight to the last	On se battra jusqu'au bout
Get it done by tomorrow at the latest	Faites- le pour demain au plus tard
It's too late in the day to introduce changes	C'est trop tard maintenant pour faire des changements

Module 143

Have you heard the latest	Tu connais la dernière?
He had the last laugh	Finalement, c'est lui qui a bien ri
He laughed it off	Il a tourné les choses à la plaisanterie
He made himself a laughing stock	Il s'est rendu ridicule
It's no laughing matter	Il n'y a pas de quoi rire
He's a law unto himself	Il ne connaît d'autre loi que la sienne
He's not in a position to lay down the law	Il n'est pas en position de faire la loi
You can't take the law into your own hands	On ne peut pas faire justice soi-même

Module 144

He's always very laid back	Il est toujours très relax
He laid it on with a trowel	Il en a rajouté
We were led up the garden path	On nous a menés en bateau

We've progressed by leaps and bounds	On a avancé à pas de géant
It's a bit of a leap in the dark	C'est un peu un saut dans l'inconnu
It's given her a new lease of life	Ça lui a donné une nouvelle vigueur
I don't mind in the least	Ça ne me dérange pas du tout
It leaves me cold	Ça me laisse froid

Module 145

It leaves much to be desired	En soi, ce n'est pas assez
They haven't a leg to stand on	Ils n'ont aucun argument valable
He's pulling your leg	Il vous fait marcher
Do it at your leisure	Faites-le à votre gré
He went on at great length	Il a parlé fort longuement
He's learnt his lesson	Il a appris sa leçon
We must teach him a lesson	Il faut qu'on lui donne une leçon
She's really let herself go	Elle s'est vraiment laissé aller

Module 146

Promise you won't let on	Promets que tu n'en parleras pas
Follow the instructions to the letter	Suivez les instructions à la lettre
Are you on the level with me?	Vous jouez franc jeu avec moi?
He's a real liability	C'est un vrai boulet
She's inclined to take liberties	Elle a tendance à prendre des libertés
He licked his lips at the thought	Il s'est frotté les mains à cette idée
It would be sensible to lie low for a bit	Il serait sage de se faire discret pendant quelques temps

Module 147

I'm not going to take this lying down	Je ne vais pas supporter ça sans broncher
He was running for dear life	Il se sauvait à toutes jambes
I can't for the life of me remember	Je ne peux pas du tout me rappeler
He's a larger than life character	C'est un personnage plus grand que nature
It's hardly a matter of life and death	Ce n'est pas une question de vie ou de mort

Module 148

Am I coming? Not on your life!	Est-ce que je viens? Jamais de la vie!
You're taking your life in your hands	Tu joues ta vie
It's the chance of a lifetime	C'est la chance d'une vie
He didn't lift a finger to help	Il n'a pas levé le petit doigt
It doesn't show her in a very good light	Ça ne la montre pas sous son meilleur jour
She's the light of his life	Elle est la lumière de sa vie
That doesn't throw any light on the matter	Ça ne nous éclaire pas sur cette affaire

Module 149

Don't please make light of it	Ne prends pas ça à la légère
We shouldn't employ the likes of him	On ne devrait pas employer des types comme lui
I'm feeling a bit out on a limb	Je me sens un peu isolé
They've got to be brought into line	Il faut les rappeler à l'ordre

That's not in line with current policy	Ça n'est pas conforme aux règles en vigueur
It's an opportunity to line his pockets	C'est une occasion pour qu'il se remplisse les poches

Module 150

She got the lion's share	Elle a eu la part du lion
He was merely paying lip-service	Il ne l'a dit que pour la forme
He knew little or nothing about the job	Il ne connaissait pas grand chose au boulot
Our policy is: live and let live	Notre politique: vivre et laisser vivre
You'll never live it down	Jamais tu ne feras oublier ça
For five years they lived it up	Pendant cinq ans, ils ont mené la grande vie
Let's hope he lives up to his reputation	Espérons qu'il soit à la hauteur de sa réputation
It was the worst snow-storm in living memory	C'était la pire tempête de neige de mémoire d'homme

Module 151

That was a loaded question	C'était une question-piège
Keep it under lock and key	Garde-le sous clef
It'll be worth it in the long run	Ça vaudra la peine à long terme
She's a bit long in the tooth, isn't she?	Elle n'est plus de première jeunesse, n'est-ce pas
He's not finished by a long chalk	Il n'a pas fini, loin de là
He's beginning to look his age	Il commence à faire son âge

She looked down her nose at him	*Elle l'a regardé de haut*
He couldn't look me in the eye	*Il ne pouvait pas me regarder en face*

Module 152

Come on, look sharp	*Allez, dépêche-toi*
I don't like the look of him	*Il me fait mauvaise impression*
I'm at a bit of a loose end	*Je ne sais pas trop quoi faire*
Good Lord!	*Grand Dieu!*
My jokes were lost on him	*Il n'a pas compris mes plaisanteries*
He didn't want to lose face	*Il ne voulait pas perdre la face*
You're fighting a losing battle	*C'est perdu d'avance*
He's at a loss for words	*Il ne trouve pas ses mots*

Module 153

He's a bit of a loud-mouth	*C'est une grande gueule*
What's the matter, love?	*Qu'est-ce qu'il y a, ma petite chérie?*
It was a labour of love	*C'était un travail fait par plaisir*
He likes to keep a low profile	*Il aime garder un profil bas*
Good luck with the project	*Bon courage pour votre projet*
He's had a lot of bad luck	*Il n'a pas eu de chance*
He'll need luck to succeed	*Il aura besoin de beaucoup de chance pour réussir*
Did you win? No such luck	*Tu as gagné? Tu parles!*

Module 154

Do you want to try your luck?	Tu veux tenter ta chance?
With luck we'll finish by Friday	Avec un peu de chance on aura fini avant vendredi
We didn't finish, worse luck	Nous n'avons pas fini, malheureusement
We were lumbered with it	On a dû se le coltiner
I felt a lump in my throat	J'avais une boule dans la gorge
He was running like mad	Il courait comme un fou
She was mad keen to win	Elle voulait vraiment gagner

Module 155

He was hard-working, in the main	Il était travailleur dans l'ensemble
They were made for each other	Ils étaient faits l'un pour l'autre
You've got it made	Tu n'as pas à t'en faire, toi!
You must think I'm made of money	Tu dois croire que je suis plein aux as
He made as if to run away	Il a fait semblant de partir en courant
You'll just have to make do	On fera avec
I'm going to make an example of him	Je vais le punir pour l'exemple

Module 156

Do you think he'll make it?	Tu crois qu'il y arrivera?
They kissed and made up	Ils se sont réconciliés
I'll make it up to you	Je te revaudrai ça
We must make the best of it	On doit en tirer le meilleur parti
I can make nothing of these instructions	Je ne comprends rien à ces instructions

It's a make or break situation	Ça passe ou ça casse
You must make up your mind	Il faut que tu te décides
She's on the make	C'est le succès qui l'intéresse

Module 157

He's a self-made man	Il s'est fait tout seul
It's a disaster in the making	C'est une catastrophe en perspective
He's very much his own man	Il est son propre maître
They discussed it man to man	Ils en ont parlé d'homme à homme
They left to a man	Ils sont tous partis sans exception
Can you manage?	Tu y arrives?
He was right in a manner of speaking	Il avait raison, dans un certain sens
Many's the time I wished I'd stayed	Combien de fois j'ai regretté d'être parti…

Module 158

We gave him his marching orders	On l'a mis à la porte
There's very little margin of error	Il y a une très petite marge d'erreur
You're way off mark	Tu es complètement à côté de la plaque
He quickly made his mark	Il a rapidement pris sa marque
We're off the mark at last	On démarre enfin
We're in the market for a caravan	On est acheteur pour une caravane
He's his own master	Il est maître chez lui
That was a masterstroke	C'était un coup de maître

Module 159

How're you doing, mate?	*Comment ça va, mon vieux ?*
He wasn't in, as a matter of fact	*Il n'était pas là à vrai dire*
For that matter, I don't know where he was	*D'ailleurs je ne sais pas où il était*
It is a matter of fact	*C'est comme ça*
What's the matter with you?	*Qu'est-ce qui ne va pas ?*
He spoke in a very matter-of-fact way	*Il a parlé d'un ton neutre*
Be that as may, I'm still not coming	*Peut-être, mais je ne viens toujours pas*
Please don't make a meal of it	*N'en fais pas tout un plat s'il-te-plaît*

Module 160

I thing he really means business	*Je crois qu'il est sérieux*
I'm not joking, I mean it	*Je ne plaisante pas, je suis sérieux*
I know he means well	*Je sais qu'il a de bonnes intentions*
Do you mean to say he's left?	*Tu veux dire qu'il est parti ?*
That is no mean achievement	*Ce n'est pas rien*
Come to see us by all means	*N'hésitez surtout pas à venir nous voir*
I removed it by means of brute force	*Je l'ai enlevé par la force*
He's by no means stupid	*Il n'est en aucun cas stupide*

Module 161

For good measure he cleaned the silver	*Pour faire bonne mesure il a fait l'argenterie*
I don't think he'll measure up to the job	*Je ne crois pas qu'il soit à la hauteur*

What do you want, a medal?	*Tu veux une médaille?*
Let's give him a taste of his own medicine	*Rendons-lui la monnaie de sa pièce*
She couldn't meet his eye	*Elle n'osait pas le regarder en face*
All right, I'll meet you half way on it	*Allez, on coupe la poire en deux*
We took a trip down memory lane	*On est parti aux pays des souvenirs*
He'll have to mend his ways	*Il faudra qu'il s'amende*

Module 162

They arrived late, not to mention very drunk	*Ils sont arrivés en retard, et ivres, en plus de ça*
Thank you. Don't mention it	*Merci. De rien*
We're at the mercy of the market	*On est à la merci du marché*
We should judge him on his merits	*Jugeons-le à ses mérites*
In my opinion, the more the merrier	*A mon avis, plus on est de fous, plus on rit*
He made a complete mess of it	*Il a tout gâché*
Stop messing around and get on with it	*Arrête de tourner en rond et mets-toi au travail*

Module 163

Do you think he got the message?	*Tu crois qu'il a pigé?*
We must all be on our mettle	*On doit tous être sur le qui-vive*
Ours is a middle-of-the-road policy	*Notre politique est modérée*
Coming? Might as well	*Tu viens? Pourquoi pas*
Stop thinking of what might have been	*Arrête d'imaginer ce qui aurait pu être*

Modules 162 – 165

They really put him through the mill	Ils l'ont vraiment mis à l'épreuve
She doesn't mince her words	Elle ne mâche pas ses mots
They made mincemeat of him	Ils en ont fait de la chair à pâté

Module 164

Mind you don't fall over	Attention de ne pas tomber
I'm in two minds	Je me tâte
She gave him a piece of her mind	Elle lui a dit sa façon de penser
What's on your mind?	Qu'est-ce qui te tracasse?
I can see it in my mind's eye	Je le vois en imagination
Mind out!	Attention!
He's good. Mind you, he only started yesterday	Il est doué. Remarque, il n'a commencé qu'hier
Ah well, never mind	Ah bah, tant pis

Module 165

I wish you'd put my mind at rest	Je voudrais bien qui tu me rassures
I can't read your mind	Je ne suis pas devin
She gave me an up to the minute account	Elle m'a fait un compte-rendu de dernière heure
I think we'll give it a miss	Je crois qu'on va faire sans
He pressed the wrong button by mistake	Il s'est trompé de bouton
There's been a mix-up	Il y a eu un malentendu
It's a mixed blessing	C'est un avantage incertain
I've got mixed feelings about it	J'ai des sentiments contradictoires

Module 166

She's all mixed up	*Elle ne sait plus où elle en est*
He's a model employee	*C'est un employé modèle*
He's away at the moment	*Il est absent en ce moment*
He'll be back in a moment	*Il revient dans une minute*
Not at the moment, please	*Pas pour l'instant, merci*
It's the moment of truth	*C'est l'heure de vérité*
I don't for one moment believe it	*Je ne le crois pas une minute*
It's money for old rope	*C'est être payé à ne rien faire*

Module 167

I aim to get my moneys worth	*Je veux en avoir pour mon argent*
Nobody makes a monkey out of me	*Personne ne me prend pour une andouille*
I'm afraid I'm not in the mood	*Je crains de ne pas être d'humeur*
They were absolutely over the moon	*Ils étaient aux anges*
They were getting more and more excited	*Ils étaient de plus en plus excités*
It's more or less what I expected	*C'est plus ou moins ce à quoi je m'attendais*

Module 168

It's at most a temporary solution	*C'est une solution provisoire, sans plus*
There were twenty people there at the most	*Il y avait vingt personnes, au plus*
For the most part we enjoyed our holiday	*Dans l'ensemble, on a aprecié nos vacances*

Modules 166 – 170

We must make the most of this opportunity	Il faut profiter à fond de cette occasion
He wasn't convinced, but he went through the motions	Il n'était pas convaincu, mais il l'a fait quand-même
Remember to keep your mouth shut	Rappelle-toi de ne rien dire

Module 169

You're putting words into my mouth	Tu me fais dire ce que je n'ai pas dit
Hurry up, get a move on	Allez, bouge-toi un peu
That's a bit much, isn't it?	C'est un peu beaucoup, non?
He was too much for me	Il était un peu trop pour moi
Stop mucking about	Arrête de faire le zouave
After that his name was mud	Son nom avait été traîné dans la boue
We managed to muddle through	On a réussi à s'en sortir
She was in a bit of a muddle	Elle était un peu confuse

Module 170

He's getting away with murder	Il peut faire n'importe quoi, il s'en tire toujours
It was music to my ears	C'était doux à mon oreille
Patience is a must	Il faut de la patience
She never stops nagging me	Elle est toujours sur mon dos
He's a difficult man to nail down	C'est un homme difficile à coincer
It was a nail in his coffin	Ça n'a fait que le pousser vers le précipice

Module 171

We should ask for cash on the nail	On devrait demander paiement rubis sur l'ongle
It wasn't visible to the naked eye	Ce n'était pas visible à l'oeil nu
He hasn't a penny to his name	Il n'a pas un sou vaillant
He's made quite a name for himself	Il s'est fait un nom
He's an awful name-dropper	Il adore émailler la conversation de noms connus
I shan't name names	Je ne nommerai personne

Module 172

You name it, he's got it	Tout ce que tu peux imaginer, il l'a
He caught me napping	Il m'a pris à l'improviste
He's a nasty piece of work	C'est un sale type
That was a near thing	On l'a échappé belle
He got it in the neck from her	Il en a pris pour son grade
They're neck and neck	Ils sont coude à coude
What are you doing in this neck of the woods?	Qu'est-ce que tu fais dans les parages?

Module 173

I'm up to my neck in it	J'y suis jusqu'au cou
It's a question of needs must	Quand il le faut, il le faut
She really gets on my nerves	Elle m'agace vraiment
You've got a nerve	Tu a du culot
He's got nerves of steel	Il a des nerfs d'acier

Modules 171 – 175

| That's news to me | *Première nouvelle* |
| He wasn't my first choice, but he's next-best | *Ce n'était pas mon premier choix, mais presque* |

Module 174

Nice work, you guys	*Beau travail, les gars*
We got there in the nick of time	*On y est arrivé juste à temps*
She was dressed up to the nines	*Elle était sur son trente-et-un*
It was a nine days' wonder	*Ça a été la merveille d'un jour*
We must nip that in the bud	*On doit étouffer ça dans l'oeuf*
I'm afraid it's no go	*J'ai bien peur que ça ne marche pas*
Will you help? No way	*Tu nous aides? Pas question*
There's no accounting for taste	*Les goûts et les couleurs, ça ne discute pas*

Module 175

I won't take no for an answer	*Pas question de me dire non*
When are we likely to get the nod?	*Quand est-ce qu'on aura le feu vert?*
It went through on the nod	*C'est passé sans aucun problème*
He's a big noise in the community	*C'est une huile dans la communauté*
He gets right up my nose	*Je l'ai dans le nez*
I put his nose out of joint	*Je l'ai un peu froissé*
He turned up his nose at our offer	*Il a fait le dégoûté devant notre offre*
He did it right under our noses	*Il a fait ça sous notre nez*

Module 176

He tried to strike the right note	*Il a essayé de rester dans le ton*
She's nothing to me	*Elle n'est rien pour moi*
I'm having nothing to do with it	*Je ne m'en mêle pas*
There's nothing else for it: we must leave	*Il n'y a rien d'autre à faire que partir*
This has been nothing less than a disaster	*Ça n'a été rien moins qu'une catastrophe*
Please think nothing of it	*Mais je vous en prie, ce n'est rien*
He left at short notice	*Il est parti à la dernière minute*
We must stop for now	*Il faut qu'on s'arrête pour aujourd'hui*

Module 177

We're getting nowhere	*On n'aboutit à rien*
They live in the middle of nowhere	*Ils habitent dans un trou perdu*
It has a certain nuisance value	*Ça sert à embêter le monde*
His days are numbered	*Ses jours sont comptés*
We must discuss the nuts and bolts	*Il faut qu'on discute le côté pratique des choses*
Money's no object	*Le prix est sans importance*
I'm much obliged to you	*Je vous suis bien obligé*

Module 178

We must rise to the occasion	*Il faut qu'on se montre à la hauteur des circonstances*
Looks like I'm the odd man out	*Il semble que je sois l'exception*

We were left with a lot of odds and ends	*Il nous est resté toutes les petites choses à régler*
He's odds-on favourite	*C'est le grand favori*
I think you've paid over the odds	*Je crois que tu as payé plus que le prix*
Well, of all the nerve!	*Ça alors, quel culot!*
I haven't seen him much of late	*Je ne l'ai pas beaucoup vu ces derniers temps*

Module 179

His whistling is a bit off-putting	*Son sifflement est un peu déconcertant*
It's a completely off-the-wall idea	*C'est une idée dingue*
Oh well, perhaps not	*Euh, peut-être pas finalement*
His ideas are very old hat	*Il a des idées vieux-jeu*
She's a bit of an old maid	*Elle est un peu vieille fille*
Perhaps we should extend the olive branch	*On devrait peut-être se présenter un rameau d'olivier à la main*

Module 180

What on earth are you on about?	*Mais de quoi diable parles-tu?*
She's been on at me all morning	*Elle ne m'a pas lâché de toute la matinée*
He goes on and on about it	*Il n'arrête pas d'en parler*
All at once we were alone	*Tout d'un coup, on était seul*
You could help me for once	*Tu pourrais m'aider pour une fois*
Once and for all: I'm not coming	*Une fois pour toute: je ne viens pas*
I think you should give it the once-over	*Je crois que tu devrais tout vérifier*

Module 181

For one thing, she's not coming	D'abord, elle ne vient pas
We should be kind to one another	On devrait être gentil les uns avec les autres
They came in one by one	Ils sont entrés un par un
This really is a one-horse town	C'est un bled paumé
She's got a one-track mind	Elle a une idée fixe
She's got oodles of common-sense	Elle a la tête sur les épaules
I'll be open with you	Je vais être franc avec vous

Module 182

It's nice to be out in the open air	C'est bon d'être en plein air
It's an open and shut case	C'est un cas transparent
She's an open book	On la lit à livre ouvert
It's very much an open question	La question reste entière
Their affair's an open secret	Leur liaison est un secret de Polichinelle
It's a matter of opinion	C'est une question de point de vue
We must keep our options open	Nous ne devons pas nous engager irrévocablement

Module 183

Do it now or else!	Tu as intérêt à le faire!
That remark is out of order	Cette remarque n'est pas de mise
His speech was nothing out of the ordinary	Son discours n'avait rien d'extraordinaire
I went to see him the other day	Je suis allé le voir l'autre jour

Someone or other has broken it	Quelqu'un l'aura cassé
It's important that we be ourselves	Il est important qu'on reste soi-même
He's an out and out crook	C'est un fieffé escroc
He's out to get you	Il en a après toi

Module 184

Don't be shy, out with it	Allez, arrête de faire ton timide
He'll be here in three hours at the outside	Il sera là dans trois heures au plus
He outstayed his welcome	Il s'est incrusté chez nous
Let's get it over with	Allez, qu'on en finisse
I've told you over and over again	Je te l'ai déjà dit cent fois
His behaviour was over the top	Son comportement etait exagéré
Don't overdo it	N'en fais pas trop
He finally came into his own	Il a enfin réalisé sa destinée

Module 185

I shall get my own back	Je me vengerai
She was all on her own	Elle était toute seule
I think you should own up	Je crois que tu devrais tout dire
The world is his oyster	Le monde est à lui
We must put him through his paces	Il faut le mettre à l'épreuve
Just pack it in will you	Arrête ton cirque
We sent him packing	On l'a envoyé promener

77

Module 186

She's a complete pain in the neck	C'est une véritable enquiquineuse
Let's go out and paint the town red	Allons faire la fête
His behaviour is beyond the pale	Son comportement est inacceptable
She's got him in the palm of her hand	Elle le mène par le bout du nez
He tried to palm his old PC off on me	Il a essayé de me refiler son vieil ordinateur
I was surprised at the way it panned out	J'ai été étonné que tout se finisse bien

Module 187

She bored the pants off everyone	Elle a barbé tout le monde
We were caught with our pants down	On a été pris au dépourvu
That's par for the course	Il fallait s'y attendre
I beg your pardon, what did you say?	Pardon? Qu'est-ce que vous avez dit?
For my part, I think we should stay	Personnellement, je crois qu'on devrait rester
It was good in parts	Il y avait de bons passages
You really look the part	Ça te va à merveille
It's all part and parcel of the deal	Ça fait partie du marché

Module 188

He took my part in the argument	Il a pris mon parti dans la discussion
He made a pass at her	Il lui a fait des avances
He passed it off as a joke	Il a tourné ça à la plaisanterie

Modules 186 – 190

We mustn't pass up the opportunity	C'est une occasion qui ne se refuse pas
We don't tolerate passengers	Pas de gens qui viennent en touristes!
I wouldn't put it past him to arrive late	Ça ne m'étonnerait pas de lui qu'il arrive en retard
I think he's past it	Je crois qu'il n'est plus dans la course
He's a past master at evading the issue	Il est passé maître dans l'art d'éviter le sujet

Module 189

He deserves a pat on the back	Il mérite un compliment
He's not a patch on his predecessor	Il n'arrive pas à la cheville de son prédécesseur
That'll make him pause for thought	Ça lui donnera de quoi réfléchir
Make sure he pays his way	Il faut qu'il paie sa part
I'm calling to pay my respects	Je viens présenter mes respects
We paid through the nose for it	Ça nous a coûté les yeux de la tête
He who pays the piper calls the tune	Qui paie les violons choisit la musique
I intervened to keep the peace	Je suis intervenu pour maintenir le calme

Module 190

She decided to make her peace with him	Elle a décidé de faire la paix avec lui
He put her on a pedestal	Il l'a mise sur un piédestal
Time he was taken down a peg or two	Il est temps qu'on lui rabatte son caquet
He was running at full pelt	Il courait à fond de train

Oh well, in for a penny in for a pound	*Quand le vin est tiré il faut le boire*
He keeps turning up like a bad penny	*Pas moyen de se débarrasser de lui*
People like that are two a penny	*Des types comme ça, on en trouve 13 à la douzaine*

Module 191

We gave them a pep talk	*On leur a fait un laïus d'encouragement*
He's off sick, as per usual	*Il est malade, comme de bien entendu*
The bankruptcy knocked him off his perch	*La faillite lui a donné un sacré coup*
Let's hope this time he performs	*Espérons qu'il réussisse, cette fois*
Why did you make such a performance?	*Pourquoi as-tu fait une telle scène?*
Burgled? Perish the thought!	*Cambriolé? Je n'aime mieux pas y penser*
Were you there in person?	*Vous y étiez en personne?*

Module 192

He was hoist with his own petard	*Il a été pris à son propre piège*
He's going through a difficult phase	*Il est dans une mauvaise passe*
Phew! It's hot	*Oh la la! Quelle chaleur*
I reckon he's a phoney	*Je crois que c'est un charlatan*
The whole plan went phut	*Le projet est tombé à l'eau*
We took our time to pick and choose	*On a pris le temps de choisir*
He was picking at his food	*Il picorait dans son assiette*
She tried to pick his brains	*Elle a fait appel à ses lumières*

Modules 191 – 195

Module 193

He picked holes in her argument	Il a relevé les failles de son raisonnement
I could do with a pick-me-up	J'aurais bien besoin d'un remontant
She's always picking on me	Elle est tout le temps sur mon dos
Beware of pickpockets	Attention aux pickpockets
He picked up the language quickly	Il s'est vite mis à la langue
Are you in the picture?	Tu vois la scène?
She was the picture of innocence	C'était l'innocence même
She's as pretty as a picture	Elle est jolie comme un coeur

Module 194

I'm afraid that's pie in the sky	J'ai bien peur que ce ne soient que des paroles en l'air
When her son died she went to pieces	A la mort de son fils elle s'est effondrée
At lunch he made a pig of himself	A midi, il a mangé comme un cochon
You've made a complete pig's ear of that	Tu as fait du sale boulot
It was as plain as a pikestaff	C'était clair comme de l'eau de roche
He was piling on the agony	Il en faisait tout un drame
There's been a pile-up on the motorway	Il y a eu un carambolage sur l'autoroute

Module 195

We were hounded from pillar to post	Ils nous ont traqués par monts et par vaux
It was pillow-talk	C'étaient des confidences sur l'oreiller

I've got pins and needles in my leg	J'ai des fourmis dans les jambes
He's a difficult man to pin down	On a du mal à le coincer
We're pinning our hopes on you	On met tous nos espoirs en toi
She's beginning to feel the pinch	Elle commence à être à court
You're looking in the pink	Tu as l'air en pleine forme
We were pipped at the post	On s'est fait coiffer au poteau

Module 196

Put that in your pipe and smoke it	Mets ça dans ta poche et ton mouchoir par-dessus
This place is the pits	C'est dégueulasse ici
For pity's sake get on with it	Par pitié, vas-y
He took pity on her	Il a eu pitié d'elle
He left his things all over the place	Il a laissé ses affaires un peu partout
He must be kept in his place	Il faut le remettre à sa place
I couldn't place her	Je ne l'ai pas reconnue

Module 197

She put him in his place	Elle l'a remis à sa place
It should be plain sailing from now on	Ça devrait aller tout seul à partir de maintenant
They made him walk the plank	Ils lui ont fait subir le supplice de la planche
I've a lot on my plate	J'ai du pain sur la planche
I think we should play it by ear	On improvisera
He'll get the job if he plays his cards right	Il aura le poste s'il met toutes les cartes de son côté

We must play down the disadvantages	*On doit minimiser les points faibles*

Module 198

Somehow we must play for time	*Il faut qu'on essaie de gagner du temps*
He played into our hands	*Il a joué notre jeu*
No rush, play it cool	*Du calme, pas de précipitation*
The children are playing up as usual	*Les enfants font des leurs, comme d'habitude*
All right, please yourself	*D'accord, fais comme bon te semble*
It looks like he's lost the plot	*Je crois qu'il a perdu la boule*
He's got a plum job in town	*Il a un boulot en or en ville*

Module 199

Sooner or later we must take the plunge	*Tôt ou tard il va falloir se lancer*
I think he's in the pocket of the police	*Je crois qu'il est de mèche avec les flics*
We ended up out of pocket	*On en a été de notre poche*
Time you put your hand in your pocket	*Il est temps que tu mettes la main à la poche*
I'm afraid that's beside the point	*Ce n'est pas la question*
I think you have a point there	*Là, je crois que tu as raison*
Calm down, you've made your point	*Calme-toi, on a compris*

Module 200

He made a point of arriving early	*Il a fait exprès d'arriver en avance*
We've reached the point of no return	*On est au point de non retour*

It's a strange point of view	*C'est une drôle de façon de voir les choses*
He's always trying to score points off me	*Il essaie toujours de marquer des points sur moi*
All right, I take your point	*D'accord, je te l'accorde*
That's true up to a point	*C'est vrai, jusqu'à un certain point*
He's always poking his nose into things	*Il fourre toujours son nez partout*
After two hours they're poles apart	*Au bout de deux heures, ils sont aux antipodes*

Module 201

Pooh! What a stink!	*Berk! Quelle puanteur!*
You'll have to take pot luck	*Il va falloir t'en remettre au hasard*
She let the garden go to pot	*Elle a laissé le jardin à l'abandon*
I spent the morning pottering about	*J'ai passé la matinée à faire des bricoles*
He'll want his pound of flesh	*Il exigera son dû*
It never rains but it pours	*Un malheur n'arrive jamais seul*
He tried to pour oil on troubled waters	*Il a essayé de calmer le jeu*
She's the power behind the throne	*C'est elle qui tire les ficelles*

Module 202

We must get permission from the powers that be	*Il nous faut la permission des autorités en place*
He's a practical joker	*C'est un petit farceur*

Modules 201 – 204

In practice we rarely stay long	*En réalité, on reste rarement longtemps*
I'm afraid I'm a bit out of practice	*Je suis un peu rouillé je crois*
We must put the rules into practice	*Il faut appliquer les règles*
We're losing precious time	*On perd un temps précieux*
There was a pregnant silence	*Il y a eu un silence lourd de sens*

Module 203

At present we have no vacancies	*Pour l'instant, nous n'avons rien de libre*
I'm pressed for time	*Je suis pressé*
We must press on	*Il faut s'accrocher*
Have you finished? Pretty much	*Tu as fini? Pratiquement*
We don't want peace at any price	*Nous ne voulons la paix à aucun prix*
There's a price on his head	*Sa tête est mise à prix*
We've priced ourselves out of the market	*A être trop gourmand, on a perdu le marché*

Module 204

I pricked up my ears	*J'ai tendu l'oreille*
You must have pride of place	*Tu dois avoir la place d'honneur*
He takes pride in his work	*Il tire de la fierté de son travail*
Pride comes before a fall	*L'orgueil précède la chute*
I agree with you in principle	*Sur le principe, je suis d'accord avec vous*
She won't attend on principle	*Elle ne viendra pas par principe*
Can I speak to you in private?	*Je peux vous parler en privé?*
We must consider the pros and cons	*Il faut peser le pour et le contre*

Module 205

I shall be there in all probability	Je devrais y être
We shall have to keep a low profile	Il faudra qu'on garde profil bas
Things look promising	Ça commence bien
If you're going to do it, do it properly	Si tu le fais, fais-le bien
I must say, he did us proud	Je dois dire qu'il nous a fait honneur
He's got to prove himself	Il faut qu'il fasse ses preuves
He's always on the prowl	Il rôde toujours
He's a complete pseudo	Il est faux comme tout

Module 206

Psst! Over here	Psst! Par ici
We shouldn't discuss this in public	On ne devrait pas en parler devant tout le monde
We're very much in the public eye	Nous sommes très en vue
He's very public spirited	Il fait toujours preuve de civisme
Why are you pulling that face?	Pourquoi fais-tu cette tête?
I think you're pulling my leg	Je crois que tu me fais marcher
Pull yourself together	Ressaisis-toi!
I think he's pulling his punches	Je crois qu'il ménage son adversaire

Module 207

Don't let him pull rank on you	Ne le laisse pas t'en imposer
Do you think she'll pull round?	Tu crois qu'elle va s'en remettre?

I hope he can pull some strings for me	J'espère qu'il pourra tirer quelques ficelles pour moi
We must all pull together	Il faut que tout le monde fasse un effort
You must pull your weight	Il faut tu y mettes du tien
I've forgotten the punch line	J'ai oublié la chute
I think there's going to be a punch-up	Je crois qu'il va y avoir de la bagarre
It's been a punishing six months	Ces six mois ont été éreintants

Module 208

We've been sold a pup	On s'est fait avoir
It was all to no purpose	Tout ça pour rien
She holds the purse-strings	C'est elle qui tient les cordons de la bourse
We are very pushed for time	On est très pressé
We had to give him the push	On a dû le renvoyer
I think you're pushing your luck	Tu abuses un peu, là
Why don't you push off?	Fiche donc le camp!
I won't put up with it	Je ne le tolererai pas

Module 209

Put up or shut up	Fais avec ou tais-toi
Who put you up to this?	Qui t'a monté la tête?
I'm in a bit of a quandary	Je ne sais pas trop quoi faire
I have no quarrel with him	Je n'ai aucun problème avec lui
You can't get a quart into a pint pot	C'est tenter l'impossible

He tried to jump the queue	Il a essayé de passer avant son tour
She's the queen-bee in the company	C'est la reine dans la société

Module 210

It's true beyond all question	C'est vrai, sans l'ombre d'un doute
The matter of his salary came into question	La question de son salaire est venue sur le tapis
The person in question is not here	La personne en question est absente
Returning tonight is out of the question	Il n'est pas question qu'on rentre ce soir
I'm thirsty. Let's have a quick one	J'ai soif. Prenons un petit verre
He left the house on the quiet	Il a quitté la maison en catimini
Give me a fiver and we'll be quits	Donne-moi cinq livres et on sera quitte

Module 211

We agreed to call it quits	On a décidé d'en rester là
He's no quitter	Il ne se laisse pas rebuter facilement
Can I quote you on that?	Je peux m'en referrer à vous là-dessus?
She never stops rabbiting	Elle ne cesse pas de jacasser
He racked his brains	Il s'est creusé les méninges
The whole thing's a complete racket	C'est une escroquerie
Her language was a bit racy	Sa façon de parler était un peu osée

Module 212

From rags to riches	De la misère à la richesse
It was rained off	Ça a été annulé à cause du temps
Rally round everybody	Venez tous donner un coup de main

Modules 210 – 214

The affair still rankles	Ça m'est resté sur l'estomac
Why should I take the rap?	Pourquoi je paierai les pots cassés?
We're raring to go	On est impatient de commencer
He was very ratty about it	Ça l'avait mis de mauvais poil
If you read between the lines	Si tu lis entre les lignes

Module 213

I could read his mind	Je lisais ses pensées
Ready, steady, go!	A vos marques, prêt, partez!
Really! I'm surprised at you	Vraiment, tu m'étonnes
Just for the record	En passant
Off the record	Entre nous
I saw red	J'ai vu rouge
We caught him red-handed	On l'a pris la main dans le sac
That's a bit of a red herring	C'est pour brouiller les pistes

Module 214

There's too much red tape	Il y a trop de paperasserie
He reduced her to tears	Il l'a fait pleurer
It was a reflex action	C'était un réflexe
What a relief!	Quel soulagement
As a last resort	En dernier recours
He resorted to lying	Il s'est résolu à mentir
The rest you can leave to me	Je m'occupe du reste
We got a result	On est arrivé à quelque chose

Module 215

In retrospect	*En y repensant*
Revenge is sweet	*La vengeance est douce*
I want to reverse the charges	*Je veux passer un appel en PCV*
Virtue is its own reward	*La vertu se suffit à elle-même*
He got quite a ribbing	*Il s'est fait chambrer*
That's a bit rich	*C'est un peu fort, ça*
Good riddance to bad rubbish	*Bon débarras*
They took him for a ride	*Ils l'ont mené en bateau*

Module 216

The whole thing was rigged	*C'était un coup monté*
I know my rights	*Je connais mes droits*
That doesn't ring true	*Ça sonne faux*
He was a dead ringer for…	*C'était le sosie de…*
We were ripped off	*C'était de l'arnaque*
Do you think we'll get a rise?	*Tu crois qu'on va être augmenté ?*
He's an early riser	*C'est un lève-tôt*
I'm not going to risk my neck	*Je ne vais pas risquer ma peau*

Module 217

He's a road-hog	*C'est un chauffard*
Let's get this show on the road	*Allez, en route*
Get out of the road!	*Chaud devant !*
He got a roasting	*Il s'est fait sonné les cloches*

It's daylight robbery	*C'est du vol caractérisé*
I was between a rock and a hard place	*J'étais coincé*
Don't rock the boat	*Ne fais pas de vagues*
He went off like a rocket	*Il est parti comme une fusée*

Module 218

I was on a roll	*J'étais lancé*
What time did you roll up?	*A quelle heure tu t'es ramené?*
He went through the roof	*Il a sauté au plafond*
You were rooked	*Tu t'es fait rouler*
It will come home to roost	*Ça lui retombera dessus*
He's really on the ropes	*Il est sur le point de craquer*
We were all rooting for you	*On était tous derrière toi*
He was roped in to help	*Il s'est laissé embringuer pour aider*

Module 219

To see through rose-tinted glasses	*Voir la vie en rose*
Don't talk rot	*Ne dis pas n'importe quoi!*
I'm feeling really rough	*J'ai la tête dans le gaz*
I'm afraid it's a bit rough and ready	*J'ai bien peur que ce ne soit un peu fait à la hâte*
Roughly speaking	*En gros*
It's your round	*C'est ta tournée*
He rounded on me	*Il s'en est pris à moi*

Module 220

How much is the round trip?	*C'est combien l'aller-retour?*
He told me in a roundabout way	*Il me l'a dit de manière détournée*
He's got a roving eye	*Il a les yeux baladeurs*
Don't make such a row	*Ne fais pas tant de boucan!*
We rub along	*On s'accorde tant bien que mal*
He rubbed my nose in it	*Il ne me le laisse jamais oublier*
He rubbed me up the wrong way	*Il m'a pris à rebrousse-poil*
She pulled the rug from under me	*Elle m'a coupé l'herbe sous le pied*

Module 221

As a rule of thumb	*En règle générale*
She's the one that rules the roost	*C'est elle qui fait la loi*
He was on the run	*Il était en cavale*
He gave me the run around	*Il m'a fait poireauter*
He's done a runner	*Il s'est barré*
She's out of the running	*Elle n'a plus aucune chance*

Module 222

My French is a bit rusty	*Je suis un peu rouillé en français*
She got herself into a bit of a rut	*Elle s'est un peu encroûtée*
He was given the sack	*Il s'est fait virer*
It was a sacred cow	*C'était une vache sacrée*
Better to be on the safe side	*Mieux vaut prendre des précautions*
Safety first	*La sécurité d'abord!*

Modules 220–225

You're sailing a bit close to the wind	Tu joues un jeu dangereux

Module 223

For heaven's sake!	Pour l'amour de Dieu!
For old times' sake	En souvenir du bon vieux temps
She's the salt of the earth	C'est le sel de la terre
Take it with a pinch of salt	Ne prends pas ça au pied de la lettre
It's all the same to me	Ça m'est égal
All the same, I think you should	Tout de même, tu devrais
We were squashed in like sardines	On était serré comme des sardines
Save your breath	Inutile de perdre ta salive

Module 224

It's his saving grace	C'est ce qui le sauve
You can say *that* again	Je ne te le fais pas dire
Who says?	Tu as vu ça où?
Just say the word	J'attends ton feu vert
You don't say!	Tu parles!
I think that should tip the scales	Ça devrait faire pencher la balance
He was made the scapegoat	On en a fait le bouc-émissaire
You scared the life out of me	Tu m'as fichu une de ces trouilles!

Module 225

He's a scatterbrain	C'est un hurluberlu
Behind the scenes	En coulisses
Please don't make a scene	Ne fais pas toute une histoire

I could do with a change of scenery	J'ai besoin de changer d'air
He's lost the scent	Il a perdu la piste
We're running a bit behind schedule	On est un peu en retard
He belongs to the old school	Il est de la vieille école
It's not rocket science	On n'a pas besoin de sortir de Saint-Cyr

Module 226

The weather was scorching	Il faisait une chaleur caniculaire
She knows the score	Elle connaît la situation
I think we'll have to scrap that	Laissons tomber l'idée
He's been in a scrap	Il s'est bagarré
We'll have to scrape the barrel	On en est réduit aux fonds de casserole
Scratch my back and I'll scratch yours	Un petit service en vaut un autre
We are only scratching the surface	On ne fait qu'effleurer le sujet
He's got his head screwed on	Il a la tête sur les épaules

Module 227

I'm on the scrounge	Je viens quémander
He's the scum of the earth	C'est le rebut du genre humain
Between the devil and the deep blue sea	Entre Charybde et Scylla
My lips are sealed	Motus et bouche cousue
Search me!	Va savoir!
I heard it at second hand	Je l'ai appris de quelqu'un d'autre
That's a second-best solution	C'est un pis-aller

Modules 226 – 230

| Just a second | *Attends un peu* |

Module 228

As far as I can see	*Pour autant que je puisse en juger*
Now let me see	*Alors, voyons...*
As I see it......	*Si tu me demandes mon avis...*
He's seen the light	*Il a compris*
I'll see to it	*Je m'en occupe*
Seeing is believing	*Il faut le voir pour le croire*
He can't seem to grasp the fact	*Il n'a pas l'air de bien se rendre compte*
He got a good send-off	*Ils lui ont fait des adieux chaleureux*

Module 229

He was a sensation	*Il a fait sensation*
She has lost her senses	*Elle a perdu la tête*
It just doesn't make sense	*Ça n'a aucun sens*
They're not in sequence	*Ils ne sont pas dans l'ordre*
You can't be serious!	*Tu rigoles!*
Serves him right	*Bien fait pour lui!*
She was absolutely set on it	*Elle le voulait à tout prix*
It was a bit of a set-back	*Ça a retardé les choses*

Module 230

I reckon I was set up	*Je crois que c'était un coup monté*
Settle down now	*Allons, calme-toi*
He was in his seventh heaven	*Il était au septième ciel*

95

She'll shake it off eventually	Ça lui passera un jour
With you in a shake	J'arrive dans un instant
Shake on it	Tope là!
I think he's shamming	Je crois qu'il joue la comédie

Module 231

What a shambles	Quelle pagaille!
What a shame	Quel dommage!
He was in very bad shape	Il était dans un état pitoyable
The shape of things to come	Une idée de ce qui nous attend
I was completely shattered	J'étais crevé
That was a close shave	On l'a échappé belle
He was the black sheep of the family	C'était la brebis galeuse de la famille
I think she's on the shelf	Je crois qu'elle est vieille fille

Module 232

We brought him out of his shell	On l'a fait sortir de sa coquille
We had to shelve the idea	On a dû mettre l'idée en sommeil
He had to shift for himself	Il a dû se débrouiller tout seul
Don't shilly-shally	Arrête de tergiverser!
I rather took a shine to her	Elle me plaisait bien
I wouldn't like to be in his shoes	Je ne voudrais pas être à sa place
He lives on a shoe-string	Il se serre la ceinture
He was shooting a line	Il faisait de l'esbroufe

Module 233

His clothes were all over the shop	*Il avait des vêtements partout*
In the short term	*Pour l'instant*
He was called Sam for short	*Son diminutif c'était Sam*
It was just a shot in the dark	*Je disais ça à tout hasard*
The news was a shot in the arm for him	*La nouvelle lui a donné un coup de fouet*
Her success was short-lived	*Son succès n'a pas duré*
It was a shot-gun wedding	*C'était un mariage précipité*
I'll have a shot at it	*Je vais tenter le coup*

Module 234

It's all over bar the shouting	*Le plus dur est fait*
Whose shout is it?	*A qui la tournée?*
Why don't you shove off?	*Fiche donc le camp!*
You'll give the show away	*Tu vas vendre la mèche*
He's always showing off	*C'est un frimeur*
She's showing her teeth at last	*Elle montre enfin les dents*
At least he shows willing	*Au moins il y met de la bonne volonté*
He was torn to shreds	*Il était complètement démonté*

Module 235

They shrieked with laughter	*Ils riaient à gorge déployée*
She's a shrinking violet	*Elle est un peu timide*
We can't just shrug it off	*On ne peut pas l'ignorer*
I shudder to think what may happen	*J'en frissonne rien que d'y penser*

Why don't you shut up?	*Tais-toi donc!*
I'm going for some shut-eye	*Je vais piquer un roupillon*
I'm sick and tired of it all	*J'en ai ras-le-bol de tout ça*
He's let the side down	*Il nous a laissé tomber*

Module 236

Whose side are you on?	*Tu es de quel côté?*
She's set her sights on the top job	*Elle vise haut*
They're living in sin	*Ils vivent dans le péché*
It hasn't yet sunk in	*Je n'ai pas encore bien réalisé*
Don't be such a sissy	*Ne fais pas ta poule mouillée*
He's sitting pretty	*Il a le bon filon*
That made them sit up	*Ça les a secoués*
He was a sitting duck	*C'était une cible facile*

Module 237

They were all at sixes and sevens	*Ils étaient sens dessus dessous*
Get your skates on	*Grouille-toi!*
I think we're skating on thin ice	*Je crois qu'on est sur un terrain glissant*
I think there's a skeleton in the cupboard	*Je crois qu'il y a un cadavre dans le placard*
He really gets under my skin	*Il me tape vraiment sur les nerfs*
He passed by the skin of his teeth	*Il a été reçu de justesse*
That's no skin off my nose	*C'est ton affaire*

Module 238

We agreed to wipe the slate clean	*On a passé l'éponge*
You're using a sledgehammer to crack a nut	*Tu emploies les grands moyens, non?*
I think he's got something up his sleeve	*Je crois qu'il nous réserve quelque chose*
It was a slip of the tongue	*C'était un lapsus*
That was a Freudian slip	*C'était un lapsus révélateur*
He's a bit of a slob	*Il est un peu crado*
It was a hard slog	*C'était un travail de Titan*

Module 239

He spent the day slopping about	*Il a passé la journée à traînasser*
He's a bit of a slowcoach	*Il est un peu lambin*
She'll just have to slum it for a bit	*Elle devra se serrer la ceinture pendant quelques temps*
He did it on the sly	*Il a fait ça en douce*
They woke me up in the small hours	*Ils m'ont réveillé au petit matin*
She finds small talk difficult	*Elle a du mal à parler de tout et de rien*
I wish he weren't so small-minded	*J'aimerais bien qu'il soit moins étroit d'esprit*

Module 240

He's a bit of a smart alec	*C'est un monsieur-je-sais-tout*
I think the film will be a smash hit	*Je crois que le film va faire un énorme succès*
The whole thing went up in smoke	*Tout est parti en fumée*

There's no smoke without fire	Il n'y a pas de fumée sans feu
She has to take the rough with the smooth	Elle prend les choses comme elles viennent
He's a bit of a smoothie	C'est un beau parleur
He's always making smutty remarks	Il fait toujours des remarques cochonnes

Module 241

She'll have to snap out of it	Il va falloir qu'elle réagisse
The offer was not to be sneezed at	Il ne faut pas cracher dessus
It was a real snip	C'était vraiment une bonne occasion
I'm absolutely snowed under	Je suis complètement débordé
He's my so-called boss	C'est mon soi-disant patron
So what?	Et alors?
The night-club soaked us	La boîte de nuit nous a ruinés
He's a complete so-and-so	C'est un vieux schnock

Module 242

Time he pulled his socks up	Il est temps qu'il se secoue
My brother's a soft touch	Mon frère se fait toujours rouler
No sooner said than done	Aussitôt dit, aussitôt fait
That's a sore point with him	C'est un sujet délicat pour lui
She's feeling very sorry for herself	Elle fait triste mine
Films, plays, that sort of thing	Des films, des pièces, des trucs dans ce genre
Is he an accountant? Sort of	Il est comptable? Si on veut
Reading Kant is soul-destroying	C'est démoralisant de lire Kant

Module 243

She's really in the soup now	*Elle est dans de beaux draps maintenant*
It was purely sour grapes	*C'était de la pure rancoeur*
I need space	*J'ai besoin d'air*
He always calls a spade a spade	*Il appelle toujours un chat un chat*
We've done the spadework	*On a fait le gros du travail*
He put a spanner in the works	*Il a mis des bâtons dans les roues*
Do you have anything spare?	*Il te reste quelque chose?*
The facts speak for themselves	*Les faits parlent d'eux-mêmes*

Module 244

Is there anything left? Nothing to speak of	*Il reste quelque chose? Pratiquement rien*
That speaks volumes for his character	*Ça en dit long sur le personnage*
We're not on speaking terms	*On ne se parle pas*
Yes, but that's a special case	*Oui, mais c'est un cas à part*
He made a spectacle of himself	*Il s'est donné en spectacle*
She was under his spell	*Elle était sous son charme*
Do I have to spell it out for you?	*Faut-il que je mette les points sur les i?*

Module 245

She spilled the beans	*Elle a vendu la mèche*
Fortunately there was no spin-off	*Heureusement il n'y a pas eu de retombées*
He's completely spineless	*Il est mou comme tout*

They were in high spirits	Ils avaient très bon moral
That's the spirit!	Voilà! C'est ça!
He's the spitting image of his father	C'est le portrait craché de son père
Doesn't it make you want to spit!	Ça ne te donne pas envie de vomir!
He splashed out on a new suit	Il a claqué une fortune pour un nouveau costume

Module 246

Let's split the difference	On partage le reste
He was spoiling for a fight	Il cherchait la bagarre
We're spoilt for choice	On a l'embarras du choix
Don't let him sponge off you	Ne le laisse pas te taper
He was born with a silver spoon in his mouth	Il est né avec une cuiller d'argent dans la bouche
Be a sport and lend me your bike	Sois sympa, prête-moi ton vélo
We're in a tight spot now	On est coincé maintenant

Module 247

They were out on the spree	Ils allaient faire la fête
She's no spring chicken	Ce n'est pas un perdreau de l'année
On the spur of the moment	Sur le moment
We are all square, then	On est quitte, alors
How are you going to get square with him?	Comment vas-tu régler tes comptes avec lui?
It's the first square meal he's had for weeks	C'est son premier vrai repas depuis des semaines

Module 248

That was a narrow squeak	*On l'a échappé belle!*
They put the squeeze on him	*Il l'ont harcelé*
I'll have a stab at it	*Je vais tenter le coup*
They stabbed him in the back	*Il lui ont fait un coup bas*
It was his stag-night	*C'était l'enterrement de sa vie de garçon*
He was willing to stand in for me	*Il a bien voulu me remplacer*
I just can't stand it	*Je ne le supporte pas*
That's the way it stands at the moment	*C'est l'état des choses en ce moment*

Module 249

Why don't you stand up for him?	*Pourquoi tu ne prends pas son parti?*
For a start, I don't believe you	*D'abord, je ne te crois pas*
In the present state of affairs	*Dans la situation actuelle*
Steady on, you're going too fast	*Attends un peu, tu vas trop vite*
He got there under his own steam	*Il y est arrivé par ses propres moyens*
They're just letting off steam	*Ils se défoulent*
I think she should steer clear of him	*Je crois qu'elle devrait l'éviter*
We'll get there step by step	*On y arrivera pas à pas*

Module 250

Step on it!	*Grouille-toi!*
Let him stew in his own juice	*Laisse-le mijoter un peu*
He took a lot of stick over it	*Il s'est beaucoup fait critiquer là-dessus*
Stick at it!	*Persévère!*

Stick them behind the door	*Jette-les derrière la porte*
She's stuck with him	*Elle ne peut pas s'en débarrasser*
I'm going to stick my neck out	*Je vais me mouiller*
We should stick up for him	*On devrait le soutenir*

Module 251

We're in a very sticky situation	*On est dans une situation très délicate*
There's a sting in the tail	*Il y a une mauvaise surprise à la fin*
The affair caused quite a stink	*Ça a fait toute une histoire*
Time to stir your stumps	*C'est le moment de te secouer*
Nothing succeeds like success	*Un succès en entraîne un autre*
He was sucking up to his boss	*Il léchait les bottes de son patron*
OK, suit yourself	*D'accord, fais comme bon te semble*
Let me sum up	*En résumé*

Module 252

He'll have to sing for his supper	*Ça sera donnant donnant*
I suppose so	*Je suppose*
Sure enough, there he was	*Comme prévu, le voilà*
That's a sure-fire solution	*C'est une solution infaillible*
Do you know for sure?	*Tu en es sûr?*
I normally surface at about 10 o'clock	*En général, j'émerge vers dix heures*
He took me by surprise	*Il m'a pris par surprise*
Surprise, Surprise!	*Surprise!*

Module 253

No surrender	*On ne se rend pas*
He'll have to swallow his pride	*Il va devoir ravaler sa fierté*
No sweat	*Pas de problème!*
We'll just have to sweat it out	*Il faudra nous armer de patience*
They made a clean sweep	*Ils ont fait table rase*
That's a very sweeping statement	*C'est une généralisation hâtive*
Don't let him sweet-talk you	*Ne le laisse pas t'embobiner*
They gave him a sweetner	*Ils lui ont donné un pot-de-vin*

Module 254

That should sweeten the pill	*Ça devrait rendre la pilule moins amère*
Give me a swig	*Donne-moi une gorgée*
Are you in the swim?	*Tu es dans le coup?*
It's swings and roundabouts	*Ce qu'on gagne d'un côté on le perd de l'autre*
I'll have to swot it up	*Je vais devoir bûcher*
He can't get it out of his system	*Il n'arrive pas à l'oublier*

Module 255

Would you keep tabs on him, please?	*Pourrais-tu garder un oeil sur lui, s'il te plait?*
He picked up the tab	*Il a payé la note*
We turned the tables on him	*On a renversé les rôles*
We'll have to change tack	*Il va falloir changer de tactique*
He tagged along	*Il traînait derrière*

He departed, his tail between his legs	*Il est parti la queue entre les jambes*
Take it from me, she's lying	*Fais-moi confiance, elle ment*

Module 256

Take it or leave it	*C'est à prendre ou à laisser*
Don't take it out on me	*Ne t'en prends pas à moi*
I'll take you up on that	*Je m'en souviendrai*
She can talk the hind-leg off a donkey	*C'est un vrai moulin à paroles*
You can't talk, you're as bad as me	*Tu peux parler! Tu es comme moi*
He keeps going off at a tangent	*Il part toujours dans des digressions*
They're both tarred with the same brush	*Ils sont tous le deux à mettre dans le même sac*

Module 257

He was taken to task	*Il a été pris à partie*
It wasn't his cup of tea	*Ce n'était pas son truc*
Don't try to teach your grandmother to suck eggs	*On n'apprend pas à un vieux singe à faire la grimace*
That'll teach you	*Ça t'apprendra*
That's torn it	*Ça fiche tout par terre*
I'm torn	*Je suis tiraillé*
You're telling me!	*C'est à moi que tu le dis!*

Module 258

We told him off severely	*Il s'est fait passer un sacré savon*
It's a tender subject	*C'est un sujet délicat*
I can't come to terms with the idea	*Je n'arrive pas à me faire à cette idée*
It's a test case	*C'est une affaire que fait jurisprudence*
Well it's not, so there	*Eh bien non, affaire classée*
There you are, I told you so	*Tu vois, je te l'avais bien dit*
There, there, it's going to be all right	*Allons, allons, ça va aller*
That's a bit thick	*C'est un peu fort!*

Module 259

He's as thick as two short planks	*Il est bête comme ses pieds*
She just does her own thing	*Elle fait ce qui lui plaît*
Don't make a thing about it	*N'en fais pas tout un plat*
He's got a thing about it	*Il en est obsédé*
Well you can think again	*Repensez-y!*
Why don't you just think, for once	*Réfléchis cinq minutes pour une fois*
I shall have to think twice about that	*Il faudra que j'y réfléchisse*
He didn't think it through	*Il n'y a pas bien pensé*

Module 260

The film was really third-rate	*Le film était vraiment médiocre*
They always organize a terrific thrash at NewYear	*Ils organisent toujours une grande sauterie pour le Nouvel An*
He threw down the gauntlet	*Il a jeté le gant*

They've thrown in the towel	*Ils ont abandonné*
I think I'm going to throw up	*Je crois que je vais vomir*
I'm all thumbs today	*Ce n'est pas mon jour*
It's a good rule of thumb	*C'est une bonne façon d'estimer*

Module 261

He's completely under her thumb	*Elle le mène par le bout du nez*
She gave the project the thumbs down	*Elle a désapprouvé le projet*
Don't steal my thunder	*Ne vole pas mes lauriers*
She ticked him off thoroughly	*Elle lui a passé un sacré savon*
I can't understand what makes him tick	*Je ne le comprends pas*
He was tickled to death by the idea	*Il était ravi comme tout à cette idée*
It will do to tide me over	*Ça suffira à me dépanner*
For the time being	*Pour l'instant*

Module 262

Take your time	*Prends ton temps*
Time I was in bed	*Il est temps que j'aille me coucher*
He was having the time of his life	*Il s'amusait comme un fou*
Time was when I could do that	*Fut un temps où je pouvais le faire*
Don't keep tinkering with it	*Arrête de tripoter ça*
That's just the tip of the iceberg	*Ce n'est que la partie émergée de l'iceberg*
It's on the tip of my tongue	*Je l'ai sur le bout de la langue*

Modules 261 – 264

Take my tip and stop now	*Fais-moi confiance, arrête maintenant*

Module 263

That could just tip the balance	*Ça pourrait faire pencher la balance*
Who gave him the tip-off?	*Qui lui a donné le tuyau?*
She was in a bit of a tizzy	*Elle était dans tous ses états*
You really must toe the line	*Tu dois vraiment te mettre au pas*
We must keep on our toes	*On doit rester en alerte*
The work had taken its toll on him	*La pression du travail avait commencé à se faire sentir*
That must weigh a ton	*Ça doit peser une tonne*

Module 264

I think his remarks were tongue-in-cheek	*Je pense qu'il plaisantait*
He was completely tongue-tied	*Il n'a pas pu sortir un mot*
That's a bit of a tongue-twister	*C'est une phrase difficile à dire*
They fought tooth and nail	*Ils se sont battus bec et ongle*
He was armed to the teeth	*Il était armé jusqu'aux dents*
He was covered in paint from top to toe	*Il était couvert de peinture de la tête aux pieds*
Can I top you up?	*Je vous ressers?*
It's a toss-up whether he comes or not	*Avec lui, on ne sait jamais s'il viendra ou pas*

Module 265

I'm just putting the finishing touches to it	J'y mets la dernière touche
She hasn't lost her touch	Elle n'a pas perdu la main
Let's keep in touch	On reste en contact
It's tough at the top	C'est dur d'être en haut de l'échelle
He threw the towel in	Il a abandonné la partie
She's a tower of strength	C'est un roc
They're on the town tonight	Ils sont de sortie ce soir
He's only toying with it	Il joue simplement avec

Module 266

We must make tracks	Il faut qu'on se sauve
We're off the beaten track	On est sorti des sentiers battus
I've completely lost track of her	Je l'ai complètement perdu de vue
You're on the wrong track	Tu es sur la mauvaise voie
He's trading on her kindness	Il joue de sa gentillesse
Keep your trap shut	Ferme-la
I think we must tread softly	Je pense qu'il faut être prudent

Module 267

We mustn't tread on her toes	Il ne faut pas lui marcher sur les pieds
Money doesn't grow on trees, you know	L'argent ne pousse pas dans les arbres, tu sais
It's quite a trek to the shops	Ça fait un bout de chemin jusqu'au centre commercial

He likes to think he's trendy	*Il se croit dans le coup*
We found out by trial and error	*On a appris de nos erreurs*
That's a trick of the trade	*C'est une ficelle du métier*

Module 268

He's up to his usual tricks again	*Il recommence ses bêtises*
I think that should do the trick	*Ça devrait marcher*
He's a bit trigger-happy	*Il a la gachette facile*
You're looking in good trim	*Tu as l'air en forme*
He trotted out the usual excuses	*Il a ressorti ses excuses habituelles*
She was away six weeks on the trot	*Elle était absente six semaines d'affilée*
You're just asking for trouble	*Tu cherches les ennuis*
He went to the trouble of finding out	*Il a pris la peine de chercher*

Module 269

He's nothing but a trouble-maker	*C'est un perturbateur*
She is the one that wears the trousers	*C'est elle qui porte la culotte*
Her vision finally came true	*Son rêve est devenu réalité*
True to form, he was late	*Fidèle à lui-même, il était en retard*
I shall now play my trump	*Je vais jouer ma carte maîtresse*
The accusations were trumped up	*Les accusations étaient forgées de toutes pièces*
He's inclined to blow his own trumpet	*Il a tendance à se mettre en avant*
I'll have to take that on trust	*Je vais devoir vous croire sur parole*

Module 270

To tell the truth, I don't know	A vrai dire, je n'en sais rien
He's just trying it on	Il tente le coup
The sandwiches are here. Tuck in!	Voilà les sandwiches. Sers-toi!
She had a nasty turn	Ça lui a donné un coup
I think she's turned the corner	Je pense qu'elle en est sortie
Whose turn is it?	A qui le tour?
Let's take it in turns	Chacun son tour
It really turns me on	Ça m'excite

Module 271

It was a good turn-out	Ça a bien marché
Will he turn over a new leaf?	Est-ce qu'il va tourner la page?
That makes two of us	On est deux
Do you think he'll put two and two together?	Tu crois qu'il va se rendre compte de quelque chose?
He was two-faced in the matter	Il a été hypocrite dans cette histoire
She was the ugly duckling	C'était le vilain petit canard
I've asked you umpteen times	Je te l'ai demandé cent fois

Module 272

That remark was uncalled for	Cette remarque n'avait pas lieu d'être
I told him in no uncertain terms	Je lui ai dit très clairement
He's a bit of an unknown quantity	Avec lui, on ne sait pas à quoi s'en tenir
He's a rather unsavoury character	C'est un personnage louche
He was an unsung hero	C'était un héros méconnu

She's a member of the great unwashed	*C'est de la racaille, celle-là*
It's up to you	*Comme tu veux*

Module 273

What's up?	*Qu'est-ce qu'il y a ?*
They're an upwardly mobile couple	*C'est un couple qui gravit l'échelle sociale*
I could use a drink	*J'ai besoin d'un remontant*
Make yourself useful	*Rends-toi utile*
I did my utmost to help him	*J'ai fait tout mon possible pour l'aider*
I'm getting bad vibes	*J'ai un mauvais pressentiment*
In view of the circumstances	*Vues les circonstances*

Module 274

She's no shrinking violet	*Elle ne s'en laisse pas montrer*
She was in good voice	*Elle était en voix*
Let's put it to the vote	*Votons*
It's pure waffle	*C'est du bla bla bla*
We must wait and see	*On verra*
It was a walk-over	*C'était simple comme bonjour*
Walls have ears	*Les murs ont des oreilles*
She was wallowing in self-pity	*Elle s'apitoyait sur son sort*
The place was a complete warren	*C'était un dédale de petites rues*
It'll all come out in the wash	*Ça va s'éclaircir*

Module 275

I'm afraid that excuse won't wash	J'ai peur que cette excuse ne marche pas
I'm washing my hands of the whole affair	Je m'en lave les mains
It was a very wishy-washy excuse	C'est une excuse peu convaincante
You're a waste of space	Tu es un bon-à-rien
Watch out!	Fais gaffe!
I had to water the story down a bit	J'ai dû édulcorer un peu
Come what may	Quoi qu'il advienne

Module 276

OK, have it your own way	D'accord, fais comme bon te chante
I think we must give way on that	Je crois qu'il faut donner un peu de mou
He went out of his way to help	Il a tout fait pour aider
A good idea, in its way	Une bonne idée, dans un sens
One way or another we must escape	D'une façon ou d'une autre, il faut qu'on s'en sorte
We go way back	On se connaît depuis un bail
Don't be so weak-kneed	Ne sois pas si mou

Module 277

That's the weak point in his argument	C'est la faiblesse de son argumentation
My patience is wearing thin	Je commence à perdre patience
This is the thin end of the wedge	C'est une pente savonneuse
I didn't go. Just as well	Je n'y suis pas allé et j'ai bien fait

It's well worth a visit	*Ça vaut vraiment le coup d'y aller*
He's a bit wet behind the ears	*Si on lui pinçait le nez il en sortirait du lait*
We had a whale of a time	*On s'est vraiment bien amusés*

Module 278

What about a walk?	*On va faire un tour?*
What if it rains?	*Et s'il pleut?*
Oh no, whatever next!	*Qu'est-ce que c'est encore que ça?*
Well, what of it?	*Alors?*
I gave it to whatsisname	*Je l'ai donné à Machin*
She knows what's what	*Elle sait ce qu'il en est*
What with all the excitement, I forgot	*Avec tout ça, j'ai oublié*
He's a wheeler-dealer	*Il est magouilleur*

Module 279

Say when	*Dites stop*
That should whet his appetite	*Ça devrait le mettre en appétit*
I can't tell which is which	*Je ne sais pas lequel c'est*
All the while he was asleep	*Et pendant tout ce temps-là, il dormait*
I don't know whether it's worth while	*Je ne suis pas sûr que ça vaille le coup*
He's got the whip hand	*Il a le dessus*
Let's have a whip-round	*Faisons une collecte*
It's as clean as a whistle	*C'est clair et net*

Module 280

It was a bit of a white elephant	*C'était un peu superflu*
Do you know who's who?	*Tu connais les gens ici?*
A good idea, on the whole	*Une bonne idée dans l'ensemble*
You're leaving yourself wide open	*Tu t'exposes aux critiques*
It was a wild goose chase	*Ça n'a mené à rien*
Where there's a will there's a way	*Quand on veut, on peut*
With the best will in the world	*Avec toute la meilleure volonté du monde*

Module 281

You'll have to go willy-nilly	*Tu devras y aller, bon gré mal gré*
You can't win	*Quoi que tu fasses, t'as perdu d'avance*
Never mind, you can't win them all the time	*Tant pis! On ne peut pas gagner à tous les coups*
When did you get wind of it?	*Quand en as-tu entendu parler?*
You put the wind up my brother	*Tu flanques la frousse à mon frère*
She took him under her wing	*Elle l'a pris sous son aile*
They wiped the floor with us	*Ils nous ont réduits en miettes*

Module 282

I think we've got our wires crossed	*Je crois qu'on s'est mal compris*
Easy to be wise after the event	*Facile à dire après coup*
I'm at my wits end	*Je ne sais plus à quel saint me vouer*
I'll have to keep my wits about me	*Il faudra que je reste concentré*
She's really with it	*Elle est dans le coup*

Modules 280 – 284

That's what happens if you cry wolf	*C'est ce qui arrive si tu cries au loup*
That should keep the wolf from the door	*Cela nous mettra à l'abri du besoin*
No wonder he's always late	*C'est pas étonnant qu'il soit toujours en retard*

Module 283

Wonders will never cease	*Ça m'étonnera toujours*
I can't see the wood for the trees	*Je me perds dans les détails*
He rarely keeps his word	*Il tient rarement parole*
Words fail me	*Les mots me manquent*
He's got his work cut out	*Il a du pain sur la planche*
She thinks the world of you	*Elle te tient en grande estime*
I'll tell you this, for what it's worth	*Je vais te dire ça pour ce que sa vaut*
She's not much to write home about	*On ne peut pas dire grand-chose d'elle*

Module 284

He did this year in, year out	*Il a fait ça année après année*
The answer's yes and no	*La réponse est oui et non*
The place was full of yobs	*C'était plein de loubards*
My best wishes to you and yours	*Meilleurs voeux à vous et tous les vôtres*

2000 Everyday English Expressions Translated into French

Translation is not an exact science. If you think you can improve a translation then email it to us at the address below. If we accept the improvement then we will list your name as a contributor in the next edition.

info@frenchbyrepetition.co.uk